Barbara Stäcker
Dorothea Seitz

... der Tod trägt Pink

Der selbstbestimmte Umgang
einer jungen Frau mit dem Sterben

IRISIANA

Inhalt

**Aus Nanas Facebookseite
(Rubrik »Lieblingszitate«):**
»I believe in pink. I believe in kissing,
kissing a lot. I believe in being strong
when everything seems to be going wrong.
I believe that happy girls are the
prettiest girls. I believe that tomorrow
is another day, and I believe in miracles ♥«
(Nach Audrey Hepburn)

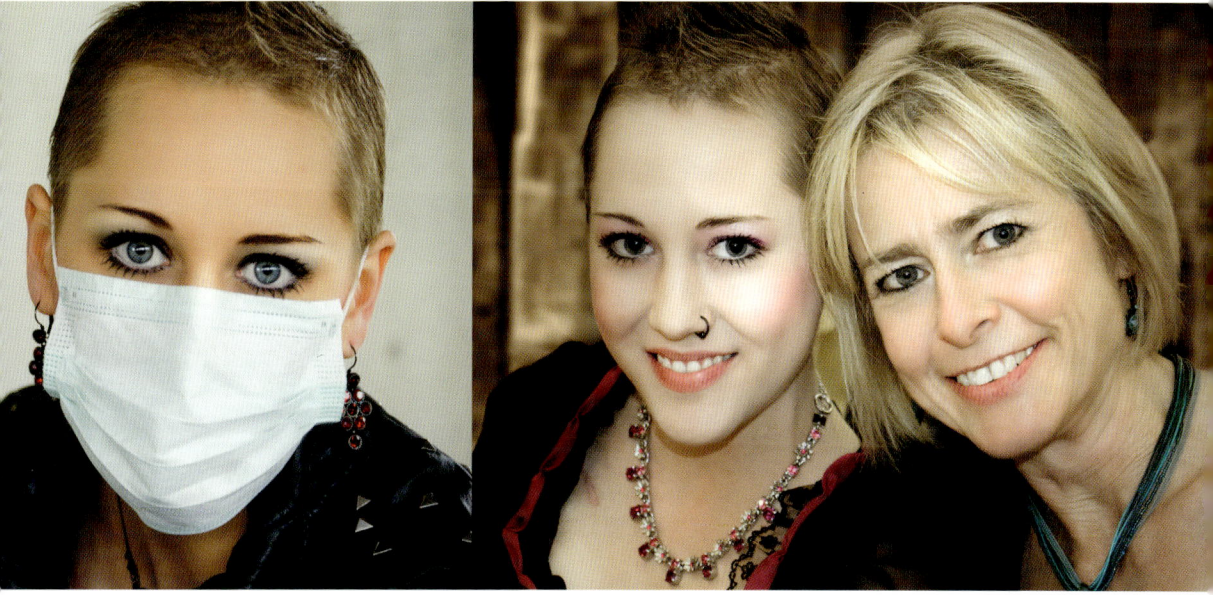

Ein Ende und zugleich...

Wenn ich im Nachhinein überlege, wann mir das erste Mal in den Sinn kam, die Geschichte meiner am 10. Januar 2012 mit 21 Jahren verstorbenen Tochter Nana weiterzuerzählen, so war dies bereits wenige Monate nach ihrer Krebsdiagnose. Hoffnung auf Heilung hatte ich lange – und doch beschlich mich schon früh die böse Ahnung, dass bei der Schwere ihrer aggressiven Erkrankung die Chancen für sie extrem gering sein dürften.

Bereits in der Zeit, als all die ausdrucksstarken Fotos von Nana entstanden, drängte sich mir angesichts der immer größer werdenden Anzahl der Gedanke an ein Vermächtnis förmlich auf: Welch wertvollen Schatz Nana mit all diesen Bildern hinterlässt!

Nana gelang es unter Aufbietung aller Kraft und mit ihrer gesamten Kreativität, innerhalb kürzester Zeit unzählige Fotoshootings zu absolvieren. Zeitgleich konnte ich beobachten, dass meine Tochter, die sich niemals in den Vordergrund drängte, plötzlich Journalisten Interviews gab. Dass meine zurückhaltende Nana sogar bereit war, ihre Erlebnisse einer breiten Öffentlichkeit vor der Kamera zu schildern. Nach Nanas Tod ist es mir da eine regelrechte Verpflichtung, ihre Geschichte weiterzugeben – war es doch ihr großer Wunsch, aus ihrem eigenen Erleben heraus anderen Betroffenen Mut zu machen. Aus diesem Grund haben Dorothea Seitz und ich geradezu in Nanas Auftrag sehr bald dieses Buch geschrieben.

Remember Nana – zur Erinnerung an meine unglaublich starke und mutige Tochter. Danke, Nana, dass ich dich haben durfte! In ewiger Liebe, deine Mama

In vielen intensiven Gesprächen sind Dorothea und ich zu der tiefen Überzeugung gelangt, dass Nanas Selbstbestimmtheit und Stärke, ihr Sterben in Frieden anzunehmen, anderen Todkranken und deren Angehörigen ein Stück weit auf ihrem so schweren Weg helfen können.

Meine Tochter, die mich so viel gelehrt hat, prägte den Satz, der mich seitdem in allen schweren Tagen und Stunden begleitet, der mich durchhalten lässt: »Wenn Nana das kann, schaffe ich das auch!«

Barbara Stäcker

…ein Anfang

Als ich am Abend nach Nanas Tod die Familie Stäcker besuchte, war ich überrascht, wie erstaunlich gefasst alle waren. Nanas Mutter Barbara begann, bewegend und eindringlich die letzten Stunden ihrer Tochter zu schildern. Dabei scheute sie sich nicht, klare Formulierungen zu finden, und fasste ihre Gefühle ohne Sentimentalitäten in prägnante Worte. Immer wieder kamen Freunde zu Besuch. Alle im Raum konnten Nanas Präsenz fühlen. Dank Barbaras anschaulicher Erzählung rekonstruierten sich Nanas letzte Stunden, Tage, Monate zur bewegenden Geschichte einer mutigen jungen Frau.

Aus der Ferne und doch nah hatte ich Nanas Weg beobachten dürfen. Barbara arbeitet seit vielen Jahren als medizinische Fachangestellte in der internistischen Praxis meines Bruders Dr. Christoph Seitz. Von vielen Berichten aus ihren Krankheitsmonaten beeindruckt, führte ich im

Für Nana, die den Krebs zwar nicht besiegen konnte, sich aber dennoch nicht von ihm besiegen ließ. Deine Dorothea

Herbst 2011 ein Interview mit Nana, dessen Veröffentlichung sie kurz bevor sie starb zustimmte. Schon am Abend des 11. Januar 2012, keine 36 Stunden nach ihrem Tod, wurde es über Facebook verbreitet. Schnell zeichnete sich ab, dass Nana mit ihren Fotos, aber auch mit ihrer enormen Kraft andere in den Bann ziehen würde. Nanas Geschichte musste weitererzählt werden!

Ich spürte das starke Bedürfnis aufzuschreiben, was Barbara an jenem Abend schilderte. Als ich sagte: »Du musst ein Buch über Nana machen!«, lachte sie zunächst. Und dann weinte sie – trug sie doch diesen Gedanken schon lange in sich. Durch die Interviews, die wir mit Nanas Wegbegleitern – Familie, Freunden, Ärzten und Fotografen – für dieses Buch führten, lässt sich erspüren, welch enorme Magie von Nana ausgeht. Nana berührt durch ihre Fotos, die ausnahmslos in ihrem letzten Lebensjahr entstanden, ebenso wie durch ihre Klarheit und Kraft, mit der sie der größtmöglichen Katastrophe das Beste entlockte. Nana und ihre Familie machten in jeder Phase der Krankheit und des Sterbens für sich alles richtig. Insofern können wir, die wir oft ängstlich sind, viel lernen von denen, die aushalten müssen.

Dorothea Seitz

Vom
Sterben
und Leben

Endlichkeit

»Wie würde ich wohl reagieren, wenn ich erfahre, dass ich nur noch wenige Monate zu leben habe?« Diese Frage haben sich sicher viele von uns im Laufe ihres Lebens schon einmal gestellt. Den Nachlass regeln, eine große Reise machen, wichtige Gespräche führen, sich von Freunden verabschieden? Tod und Beerdigung planen?

Wie sähe er aus, der perfekte Tod? Trifft er uns allein? Wird uns jemand begleiten, den wir dafür auswählen dürfen? Wird es ein leidvolles Ende unter großen Schmerzen? Sich mit diesen Fragen im Rahmen einer Krebserkrankung beschäftigen zu müssen, macht Angst. Da denkt mancher: lieber von einem Moment auf den anderen tot umfallen!

»Nase«, Nanas beste Freundin:

»Sie hat wirklich versucht, aus dem größten Scheiß, der in ihrem Leben passiert ist, das Beste zu machen – und das hat Nana im Endeffekt auch geschafft.«

Nana hatte diesbezüglich keine Chance: Sie musste sich ihrer Endlichkeit unter dramatischen Umständen stellen. Ob und wie lange sie überleben würde, konnte ihr im Oktober 2010, als Nana mit der Diagnose »Ewing-Sarkom« konfrontiert wurde, niemand vorhersagen – es war sogar fraglich, ob sie Weihnachten noch leben würde. Die Prognosen waren schon rein statistisch

Info: Ewing-Sarkom

Das Ewing-Sarkom ist eine extrem seltene, bösartige Geschwulst, die vom Knochen, manchmal auch vom Weichgewebe ausgeht. Sie trifft vor allem junge Menschen. Schon bei der Diagnose haben sich bei den meisten Patienten Metastasen entwickelt. Daher muss häufig nicht nur das Sarkom operiert, sondern auch mit einer starken Chemotherapie und Bestrahlung behandelt werden. Die Therapie dauert mehrere Monate und ist aufgrund der heftigen Nebenwirkungen sehr strapaziös. Falls eine Heilung eintritt, müssen nach Abschluss der Behandlung über mehrere Jahre regelmäßig Nachuntersuchungen absolviert werden. *(Fachinformation von Dr. med. Marcus Schlemmer *)*

* Dr. med. Marcus Schlemmer ist Facharzt für innere Medizin, Onkologie und Palliativmedizin.

gesehen extrem schlecht. Denn diese Form des Knochenkrebses ist nicht nur extrem aggressiv, sondern auch extrem selten, sodass nur bedingt Erfolg versprechende therapeutische und pharmazeutische Erfahrungen vorliegen.

Auch für die Volkskrankheiten Brust- und Prostatakrebs existieren keine Heilungsgarantien. Und so stellt sich der eine oder andere Krebserkrankte – laut Schätzung des Robert-Koch-Instituts in Deutschland pro Minute ein neuer Patient – die bange Frage: »Was wäre, wenn …?«

Nanas Mutter Barbara beantwortet sie so:

Conny Heusinger, Pflegefachkraft Palliative Care (begleitete Nana im Sterben):

»Wer immer in seinem Leben gehadert hat und nicht zufrieden war, wer immer alles infrage gestellt hat, der tut sich auch mit dem Sterben schwer. Ganz anders bei Nana: Sie war so klar. Das ist etwas, was mich im Nachhinein immer noch wahnsinnig beeindruckt. Sie hat gewusst, es ist jetzt gut.«

» *Bei allem Schmerz, aller Verzweiflung und Trauer weiß ich dennoch: Wir hätten den Weg nicht besser beschreiten können. Nana hat in den 15 Monaten ihrer Erkrankung alles richtig gemacht. Wir als Familie durften daran teilhaben; nun hilft uns das, jeden Tag, jede Minute durchzustehen, in der sie uns so wahnsinnig fehlt. Ich bin dankbar für die kostbare Zeit, die wir über weite Strecken richtiggehend gestalten konnten. Für den friedlichen Abschied, in dem wir so viel geklärt haben. Ich würde ihn sogar als schön bezeichnen, ebenso wie ihre Beisetzung, selbst wenn das befremdlich klingen mag. Nana hat uns gezeigt, wie wir ihren Weg weitergehen können: indem wir uns jedem Tag mutig stellen und versuchen, das Gute und Lebenswerte in einer noch so ausweglosen Situation zu entdecken. Hilfreich war auch, dass wir einen Großteil unserer Trauerarbeit bereits aktiv mit Nana zusammen praktizieren konnten. Es war hart, es tat weh, es brachte uns an den Rand dessen, was wir aushalten konnten. Aber mit Nanas Entscheidung, zum Sterben nach Hause zu gehen, fiel so viel Last von ihr ab, dass auch wir befreiter waren. Was uns ermöglichte, ihre letzten Tage als so sanft und besonders erleben zu dürfen. Die Frage nach dem besseren Abschied beantworte ich heute klar mit dem des bewussten Sterbens. Nana zeigte uns: Auch ein junger Mensch kann aufrecht abschließen. Wie viel Raum verschaffte ihr dabei ihre klare Selbstbestimmtheit!«*

Memento mori

Letztendlich gehe es immer darum, sich seinen finalen Ängsten zu stellen, davon ist Barbara überzeugt. Eine Aufgabe, die eines Tages schließlich ausnahmslos vor jedem liegt. Dies vorbereitet und sehenden Auges zu gestalten, berge für den Sterbenden, aber auch für alle, die er zurücklasse, zahlreiche Chancen, so Barbara heute. Abschied und auch Trauer könnten spürbar erleichtert werden. Denn mit einem bewussten Begleiten des Sterbenden und dem gemeinsamen Beschreiten des steinigen Wegs fühlten sich beide Seiten nicht mehr so allein. Barbara weiß, wovon sie spricht. Sie stand ihrer Tochter in all diesen Phasen immer zur Seite.

Nanas langer Abschied begann im Oktober 2010. 424 Tage vor ihrem Tod.

Vom Bangen zum Wissen

Das Klinikum der Universität München in Großhadern liegt wie ein großes Ungetüm inmitten eines beschaulichen Wohngebiets im Münchner Süden. Ein monströser Beton- und Stahlklotz aus den 1970er-Jahren, schon von Weitem deutlich sichtbar. Ein Relikt aus jener Zeit, in der diese Bauweise Moderne versprühte, Fortschritt, unerschütterlichen Glauben an eine feste Zukunft. Heute wirkt der Betonblock wie ein achtlos fallengelassenes Ding aus einer anderen Welt. Medizinstudenten nennen es wegen seiner Alufassade mit den winzig wirkenden Fenstern, die ein symmetrisches Muster bilden, und der Säulenkonstruktion auf dem Dach, die einem Grillaufsatz ähnelt, mehr oder weniger schmeichelnd »Toaster«: Münchens größter zusammenhängender Krankenhauskomplex, die zweitgrößte Klinik Deutschlands, Teil der Ludwig-Maximilians-Universität, Sitz für Forschung und Ausbildung. Eine Medizinmaschine mit 2200 Betten, in der Erkrankte und Angehörige über die sogenannte »Besucher-« und die »Patientenstraße« mit über 300 Metern Länge zu Stationen und Untersuchungsabteilungen gelotst werden. Hier sitzen Spezialisten aller

relevanten Fachrichtungen, um im Bedarfsfall bei entsprechenden Fragestellungen schnell hinzugezogen werden zu können. Alle diagnostischen Einrichtungen liegen auf dem Gelände und erfordern keine Fahrten an andere Standorte. Die Patienten stammen nicht nur aus München und Umland. Zum Teil werden sie von Kliniken aus ganz Deutschland hierher überwiesen, um komplexe und problematische Erkrankungen nach neuestem medizinischem Forschungsstand behandeln zu können.

Als Nana am 21. Oktober 2010 zur Abklärung unklarer starker Schmerzen stationär auf der Neurochirurgie in Großhadern liegt, hat sie bereits den ersten Teil ihrer Anamneseodyssee hinter sich. Begonnen hatte alles mit Ahnungen, die sich im Nachhinein als Teile eines klar erkennbaren Puzzles zusammensetzen werden: Blässe, Appetitlosigkeit, ein geschwollenes Gelenk, dessen Schwellung sich unter Ibuprofen schnell wieder zurückbildet. Ein leichtes Ziehen im Oberschenkel beim Hinknien, ohne feststellbare Ursache. Dazu immer wieder diese schnelle Erschöpfung und Kraftlosigkeit. Als Nana über stetig stärker werdende Rückenschmerzen klagt, wird bei der Untersuchung ein gebrochener Wirbel festgestellt. An eine Verletzung, die dem vorausgegangen sein könnte, kann sie sich jedoch nicht erinnern. Nanas Mutter Barbara, die seit über 25 Jahren im medizinischen Bereich arbeitet, realisiert schnell, dass dies nichts Gutes heißen kann:

Nicole Rinder, AETAS Lebens- und Trauerkultur München (Nanas Bestattungsinstitut):
»Erst im Moment des Todes spürt man seine Macht – so riesengroß, wie man sie sich vorher nicht vorstellen kann. Und dann bleibt die Zeit stehen. Von einer Sekunde auf die andere wird klar: Jetzt kann ich nichts mehr tun.«

> *Spätestens zu diesem Zeitpunkt waren wir höchst beunruhigt, auch wenn bis zur tatsächlichen Diagnose noch eine weitere Woche vergehen sollte. Nach unzähligen aufwendigen Untersuchungen warteten wir jetzt auf die Besprechung. Als Letztes hatte man eine ›PET-CT‹ erstellt, die speziell in der Krebsdiagnostik eingesetzt wird: Die Positronen-Emissionstomografie kann bösartiges von gutartigem Gewebe unterscheiden und stellt nicht nur mögliche Tumore dar,*

sondern zeigt auch deren Metastasen im gesamten Körper an. Entsprechend nervös erwarteten wir an diesem Tag das Ergebnis. Ich hatte nur kurz das Zimmer verlassen, als Nana mir bei meiner Rückkehr mitteilte, der Arzt wolle mich sprechen. Ich klopfe also an die entsprechende Tür und treffe dort einen jungen Arzt an. Er zeigt mir die Schwarzweißausdrucke der PET-Bilder aus Nanas Körper und erläutert, der gebrochene Wirbelkörper sei durch eine Metastase verursacht worden. Hauptherd sei ein bösartiger Tumor im rechten Oberschenkel; dieser habe bereits weitere kleinere Metastasen in der Wirbelsäule und im Beckenbereich gestreut. ›Und jetzt?‹ Ich starre den jungen Arzt mit ungläubigen Augen an: ›Soll ich das jetzt meiner Tochter so sagen?‹ Der Mediziner schluckt, schenkt mir einen hilflosen Blick und zuckt verlegen mit den Schultern.«

Barbara ist also die Aufgabe zugefallen, diesen erschütternden Befund ihrer 20-jährigen Tochter zu überbringen. Was sich im Gespräch mit dem Arzt auf ein paar Bilder und Fakten verdichtet hatte, bedeutet für Nana den Wendepunkt in ihrem bisherigen Leben. All ihre Planungen und Hoffnungen werden auf unbestimmte Zeit zunichte gemacht. Als normale Reaktion würde man erwarten, Tochter und Mutter in dieser Situation nicht allein zu lassen. Doch hier, in der Neurochirurgie, kann man an diesem Tag – außer der Überweisung in die Onkologie – nichts mehr für die beiden tun.

Natürlich ist es für keinen Mediziner leicht, einer jungen Frau zu eröffnen, dass sie nicht nur eine bösartige Erkrankung, sondern bereits Metastasen im Körper hat. Wer würde sich darum schon reißen? Vielleicht müssen die Ärzte in Großhadern auch zu vielen Patienten zu viel Trauriges mitteilen und stumpfen mit der Zeit ab gegenüber den persönlichen Tragödien, die hinter jedem aggressiven Tumor stecken. Mit welcher Empathie hieße es da, sich in die Biografie des einzelnen Patienten hineinzudenken! Und: Beinhaltet die Ausbildung zum Mediziner etwa das Thema »Überbringer von (potenziellen) Todesbotschaften«?

Ob und wie die Diagnose sensibler hätte vermittelt werden können, spielt in Barbaras Kopf an diesem Tag allerdings keine Rolle:

>> *Mich quält in diesem Moment nur eine einzige Frage: Wie soll ich das Nana beibringen? Plötzlich bin ich im größten anzunehmenden Alptraum, den sich eine Mutter oder ein Vater vorstellen kann: das eigene Kind so schwer erkrankt, dass sogar die Möglichkeit des Todes greifbar naherückt. Am liebsten würde man fliehen, aber einen Notausgang gibt es hier nicht. Dies ist jetzt Nanas Realität, weit weg von allem Theoretischen oder Hypothetischen. Eigentlich möchte ich losheulen, aber ich muss stark sein und mich zusammenreißen. Die spärliche Kraft, die ich in mir spüre, brauche ich für einen einzigen Menschen: Nana. Irgendjemand muss ihr sagen, wie es um sie steht. Und ich werde ihr keinesfalls etwas vormachen. So atme ich zweimal tief durch und öffne die Tür zu ihrem Zimmer ...«*

Alles anders

Als Barbara jetzt ihre Tochter im Klinikzimmer ohne Umschweife mit deren Diagnose konfrontieren muss, hat Nana gerade einen Studienplatz für Lehramt in der Tasche – und ein wunderschönes entspanntes Jahr hinter sich.

November 2009: Nana blickt unbeschwert in ihre spannende Zukunft nach der Schulzeit.

Nach dem Abitur hatte siehre Eltern um eine Auszeit gebeten: Ohne Stress, ohne Druck will Nana die Monate vor ihrem Studium ganz einfach mit Nichtstun genießen. Sie hört Musik, trifft sich mit Freunden, erlebt die Liebe zu ihrem neuen und zugleich ersten Freund Chris. Spielt Gitarre, gerne auch mit ihrem Vater Axel, der sich unten im Keller ein kleines Musikstudio für scin Hobby ausgebaut hat.

Mit ihrer Mutter Barbara liebt Nana es, kleine Ausflüge zu unternehmen: etwa zum Wandern in die nahegelegenen Berge, zum Bummeln in romantische oberbayerische Städtchen oder zum spontanen Abstecher an den Starnberger See.

Diese Unternehmungen sind Nana so wichtig, dass sie ihrer Mutter oft das wöchentliche Aufräumen abnimmt, das üblicherweise an Barbaras arbeitsfreiem Tag stattfindet. Unter dem Motto »Biete Hausputz gegen Ausflug« beschert die Tochter ihrer Mutter damit sehr häufig einen wirklich freien Tag im Grünen oder im Café.

Die Familie besitzt ein Haus in einem idyllischen Wohngebiet in München-Sendling. Hier leben alle unter einem Dach: Nana, ihre Eltern, ihr älterer Bruder Michael. Ihr Freund Chris ist als Neuankömmling vor wenigen Monaten »auf Probe« eingezogen; er wird bis zu Nanas Tod und darüber hinaus bleiben. Im Laufe des Jahres wird Michaels Freundin Sabrina hinzukommen. All diese Menschen werden Nana bis zum Schluss eng begleiten.

Thank you for the music

Nanas persönliches Reich ist ein kuscheliges Zimmer unter dem Dach, mit selbst gebautem Hochbett und kleiner Küche. Eingerichtet ganz in ihrem Stil, schön plüschig, in Schwarz, Rot und Pink. An den Wänden hängen ihre beiden Gitarren, das Keyboard steht am Fenster mit Blick in den Garten. Musik spielt nicht nur in Nanas Leben eine zentrale Rolle, sie verbindet auch die ganze Familie, wie Barbara erzählt:

»	Bei uns gibt es richtiggehende Familienbands, die wir alle mögen und deren
	Konzerte wir zusammen besucht haben. Von ›Toto‹ bis ›Alter Bridge‹ –
zusammen Musik zu hören oder zu machen, gehört bei uns
einfach dazu. Nanas bevorzugte Stilrichtungen lagen bei
Rock, Metal und Gothic – und hier ganz besonders bei den
Bands ›HIM‹ und ›Nightwish‹. Das hat sich auch in ihrem
Outfit widergespiegelt, mit ihren langen schwarzen Haaren, ihren Korsagen, ihrem Schmuck. Nana war zwar nie
›Hardcore-Gothic‹, aber auf ihrem T-Shirt prangte schon mal
ein Totenkopf. Ein älterer Patient sprach sie einmal mit der
Frage an: ›Sind Sie Gotik?‹ an. Darauf Nana lachend: ›Nein,
ich bin Nana!‹
Totenköpfe zieren auch die Wände ihres Zimmers: spätes-
tens seit dem Einzug von Chris, der ihr schon vor der Erkrankung mit Vorliebe Schädel malte und zeichnete.«

Nana im April 2009, 17 Monate
vor ihrer Krebsdiagnose.

Barbara arbeitet in diesem folgenschweren Herbst bereits
im 25. Jahr in der hausärztlich-internistischen Praxis von
Dr. Christoph Seitz in München-Solln. Als medizinische Fachangestellte managt sie Gesamtorganisation und
Betriebsführung, aber auch den alltäglichen Umgang mit
Patienten: Blutabnehmen, Labortätigkeit und Infusions-
gabe. Die Patienten haben nach Betreten der Praxis als
Erstes Kontakt mit Barbara – ihre offene Art ist sofort vertrauensbildend. Sie
nimmt sich der Menschen immer herzlich an und behandelt deren große und
kleine Sorgen mit der gleichen Ernsthaftigkeit.
Ihre fundierten Kenntnisse im medizinischen Bereich werden die Basis bilden
für Nanas große persönliche Freiheiten, die es ihr später erlauben, trotz schwerer
Erkrankung nicht zwangsläufig im Krankenhaus liegen zu müssen. Gleichzeitig
hat Barbara ein Fachwissen, mit dem sie die für Laien oft sehr verschlüsselten

medizinischen Informationen klar interpretieren kann. Ein Umstand, der sich etwa bei ihrem Lesen von Nanas Arztbriefen im kommenden Jahr oft hilfreich, aber leider immer wieder auch abgrundtief deprimierend auswirken wird.

Mit der Diagnose Ewing-Sarkom wird Barbaras Tätigkeit in der Praxis bis nach Nanas Tod ruhen. Sie kann und will nicht arbeiten. Mit all ihren Gedanken, all ihrem Können ist sie jetzt vollkommen bei ihrer Tochter. Dazu sagt Barbara:

> *Dass mir dies so problem- und diskussionslos möglich war, liegt an meinem nicht nur vertrauten, sondern freundschaftlichen Verhältnis zu meinem Chef Dr. Christoph Seitz. Als Vater von zwei Kindern stand es für ihn außer Frage, dass ich von nun an jede Minute mit meiner Tochter verbringen würde. Darüber hinaus garantierte er mir, zu jeder Tages- und Nachtzeit für Nana da zu sein. Ein Angebot, von dem wir durchaus noch Gebrauch machen würden! Seine Frau, Dr. Silke Seitz, ebenfalls Internistin, befand sich zu dem Zeitpunkt in Elternzeit mit ihrem zweiten Kind. Auch sie versprach uns, als Ansprechpartnerin rund um die Uhr zur Verfügung zu stehen.«*

Barbara fotografiert Nana in einem Wald bei München (April 2011): Frisur, Kleidung, Schmuck, Make-up und Nagellack hat Nana akribisch aufeinander abgestimmt.

Die außergewöhnliche Abdeckung professioneller medizinischer Unterstützung im direkten Umfeld, aber auch Barbaras eigene Fachkenntnisse erweisen sich als außerordentliche Hilfe und ermöglichen Nana in vielen Situationen große Freiheiten. Barbara ist äußert dankbar für diese glücklichen äußeren Umstände:

> *Natürlich konnte ich während der gesamten Krankheitszeit einen Großteil der für mich alltäglichen medizinischen und pflegerischen Handgriffe ohne nachzudenken ausführen. Aber ohne die Sicherheit eines ärztlichen Back-ups hätte man uns in Großhadern weitaus weniger oft ziehen lassen. Ein richtiggehender Luxus, in dessen Genuss leider nicht viele Patienten kommen.*

Nana war sich dieses Privilegs immer bewusst – hat sie doch unter der Anonymität des Klinikgroßbetriebs so sehr gelitten! Umso härter kämpfte sie jedes Mal, wenn es ihr Gesundheitszustand zuließ, für ihre Entlassung nach Hause, auf ihr Sofa, vor ihren Fernseher, mit Blick in ihren Garten. Denn schon vor ihrer Krankheit zog es sie kaum allein in die Ferne. Sie plante keine weiten Reisen, wollte nicht im Ausland studieren und setzte sich für keine Europatour mit Rucksack allein in den Zug – sie verbrachte ihre Zeit einfach gerne mit uns in ihrer vertrauten Umgebung. Halb scherzend meinte sie: ›Ich will nicht weg von euch! Ich krieg' doch schon Heimweh, wenn ich übers Wochenende bei Chris in Landshut bin!‹ Ein andermal: ›Mama, ich war doch noch nie so lange weg von daheim. Ich weiß doch gar nicht, wo ich hinmuss!‹ Das sagte meine Nana, als wir Monate später über das Sterben sprachen.«

Gerade zu Dr. Silke Seitz entwickelt Nana in den Monaten ihrer Krankheit ein außergewöhnliches Vertrauensverhältnis. Was jetzt natürlich noch niemand ahnen kann: Silke wird eine entscheidende Rolle bei der Anbahnung des Wendepunkts an Nanas Lebensende zufallen.

Im »SarKUM« der Klinik

Zweifellos existierte medizinisch gesehen keine Alternative zum »SarKUM«, dem Sarkomzentrum des Klinikums der Universität München. Dass Nana nach den ersten schweren Krankheitsmonaten dennoch eine eigene Begleittherapie in ihrer Tätigkeit als Fotomodell »erfand«, hing massiv mit ihrer Ablehnung des

fachlich so guten, aber menschlich so nüchternen Klinikgroßbetriebs in Großhadern zusammen. Immer wieder wünschte sie sich sehnlich, daraus ausbrechen
zu können. Barbara sagt heute dazu:

» *Die unpersönliche Ausstrahlung, die einem schon nach Betreten des
Gebäudes auf der Rolltreppe überkommt, prägt den Gesamteindruck.
Der Blick durch nicht enden wollende Flure, die Aussicht aus den nicht zu öffnen-
den Fenstern auf eine meterhohe Fassade aus Stahl, die
kahlen Betonwände – all das weckt Assoziationen zu einer
Industrieanlage oder gar einem Gefängnis.
Leider fühlte Nana sich auch oft exakt so: eingesperrt in eine
Medizinfabrik. Speziell die Krebsstation im zehnten Stock,
auf der Nana immer wieder viele Wochen verbrachte, war
nicht gerade einladend: Enge Dreibettzimmer, nur durch
Vorhänge unterteilt. Eine Waschgelegenheit, ein WC, keine
Dusche. Die befindet sich im Bad auf dem Flur, für alle Patienten der Station, ob Mann, Frau, jung, alt. Schließbar lediglich mit einer Schiebetür und dem daran befestigten Schild
›Besetzt‹ oder ›Frei‹. Leider fehlt es auch sonst an Rückzugs-
möglichkeiten in Sachen Privatsphäre. Der Aufenthaltsraum
der Station ist so klein, dass Stühle nur an der Wand entlang und nicht um Tische
herum stehen können. Jeder im Raum kann jedes Wort mithören. In den Zimmern
selbst sind vertrauliche Gespräche nahezu unmöglich, da meist eine bis zwei Mit-
patientinnen und Angehörige anwesend sind. Es gibt zwar im Besucherbereich ein
Café, aber man will ja nicht für jede Unterredung etwas bestellen müssen!
Selbstverständlich war uns immer klar, dass eine Klinik kein Hotel ist und Nanas
Anwesenheit kein Wellnessaufenthalt. Aber schließlich bleiben Patienten hier nicht
nur ein paar Tage, sondern oft mehrere Wochen. Nicht nur einmal, sondern in
regelmäßigen Abständen, immer wieder. Sie befinden sich in einer extrem schwierigen Lebensphase, sind fokussiert auf elementare Fragen, die man eigentlich nur*

*Warten. Ein so großer Teil der Zeit
während der Erkrankung besteht aus
Warten. Auf Ärzte, Untersuchungen,
Therapien. In Betten, auf Fluren, auf
Liegen. Mit oder ohne Termin. Wie
oft seufzte Nana: »Ach Mama, wo
könnten wir nicht schon wieder sein?
Kaffeetrinken in der Stadt, auf einer
Bank am See oder einfach daheim auf
dem Sofa. Wie viel Schönes hätten wir
jetzt erleben können!«*

mit seinem engsten Umfeld besprechen möchte. Dazu kommen Behandlungs-
nebenwirkungen wie starke Übelkeit, Erbrechen und Durchfall, die den großen
Wunsch nach Alleinsein wecken. Um es drastisch auf den Punkt zu bringen:
Wer heult und kotzt schon gerne in einem Raum mit fremden Menschen?«

Info: Chemotherapie

Ziel jeder Chemotherapie ist die Vernichtung bösartiger Tumorzellen. Dafür werden je nach Art des Tumors bestimmte chemische Substanzen (auch Zytostatika genannt) meist in die Vene, seltener in Tablettenform oder direkt in betroffene Körperregionen verabreicht. Diese Zytostatika haben auf unterschiedlichste Weise zellzerstörende Wirkung. Da sie nicht zwischen gesunden oder bösartiger Zellen unterscheiden können, werden in erster Linie die sich schnell teilenden gesunden Zellen des Körpers ebenfalls zerstört, sodass nahezu immer mit unerwünschten Wirkungen bzw. Nebenwirkungen zu rechnen ist: insbesondere Übelkeit, Erbrechen, Haarausfall, Schädigung der Mund- und Darmschleimhaut mit schmerzhaften Geschwüren in der Mundhöhle – bis hin zu Problemen im gesamten Magen-Darm-Trakt. Außerdem kann die Zerstörung der Eizellen- oder Spermienreserve zur Unfruchtbarkeit führen.

Als bedrohlichste Nebenwirkung nach einer Chemotherapie sind oft alle lebenswichtigen Zellen des Knochenmarks vermindert, was zu Müdigkeit, Atemnot, Blutungsneigung und deutlich erhöhter Infektanfälligkeit führt. Erfreulicherweise lassen sich viele Nebenwirkungen mit bestimmten Maßnahmen vor, während oder nach der Therapie vermeiden oder zumindest auf ein für Patienten erträgliches Maß reduzieren.

Die Auswahl der jeweiligen Substanzen erfolgt nach Erfahrungswerten; meist kombiniert man zwei, drei oder vier miteinander, um deren Wirkungs- und Nebenwirkungspotenzial optimal aufeinander abzustimmen. In der Regel wird eine Chemotherapie alle vier bis sechs Wochen wiederholt und erst nach mehrmaliger Gabe je nach Therapiestandard und -erfolg ganz beendet.

Beim Ewing-Sarkom erfolgt die Behandlung grundsätzlich im Rahmen der Europäischen Ewing-Sarkom-Studie. *(Fachinformation von Dr. med. Silke Seitz *)*

* Dr. med. Silke Seitz ist Fachärztin für innere Medizin.

Selbst ist die Frau

Wenigstens phasenweise kann Nana einige ihrer Behandlungen ambulant abwickeln. In der onkologischen Praxis von Dr. med. Gerlinde Michl in München-Solln beispielsweise finden die regelmäßig notwendigen Bluttransfusionen statt. Nana fühlt sich wohl in den schönen hellen Räumen mit bequemen Liegesesseln, auf denen sie längere Zeit ausharren muss. In diesem persönlichen Umfeld empfindet sie sich gut aufgehoben und individuell betreut.

Meist aber muss Nana durch den anonymen Klinikbetrieb, der über sie, ihren Körper, ihre Zeit bestimmt. Dennoch findet sie ihren ganz persönlichen Fluchtweg.

Einen Weg, der ihre Trauer, ihre Angst und ihren Widerwillen Schritt für Schritt verwandelt: in Hoffnung, Optimismus – und Schönheit.

Nana im Interview (September 2011):

»Man weiß ja, wie man aussieht, wenn man am Morgen in den Spiegel schaut, ungeschminkt, und es geht einem nicht gut. Ich glaube, meiner Mama war darum wichtig, dass ich wieder Fotos von mir sehe und sagen kann: Ach, das geht ja. Es ist gar nicht so schlimm!«

Mai 2010: Ein idyllischer Familienurlaub auf Sylt, wo Chris und Nana ausgelassen ihr junges Liebesglück zelebrieren. Heimlich huckepack im Reisegepäck: der Krebs.

Mama, mach ein Foto!

Wie kommt es, dass eine junge Frau mitten in einer lebensbedrohlichen Krankheit die Schönheit wiederentdeckt? Erscheint dies doch Außenstehenden möglicherweise als etwas pur und profan Äußerliches und dem Ernst der Situation unangemessen?

Frohes Fest

Auch Nana beschritt ihren Weg dorthin nicht geradlinig.
In den ersten Monaten in der Klinik, in denen sich Ängste und Hoffnungen die Klinke in die Hand gaben, hatte »sich schön zu machen« für Nana keinerlei Raum. Geschweige denn die Fotografie.
Ändern sollte sich das im Frühjahr 2011 radikal.
Und den ersten zarten Anfang, so erzählt Nanas Mutter Barbara, nahm alles am Weihnachtsfest 2010.

Nana am 24.12.2011 auf Facebook, 17 Tage vor ihrem Tod:
»A glamorous, twinkling and sparkling christmas to all of you ♥ Enjoy the time with your beloved ones ♥ ♥ ♥«

Heiligabend
2010 bei den
Stäckers. Nana
mit Perücke
und Anti-
biotikuminfu-
sion aus Groß-
hadern – und
ihrer Puppe
»Lefdutti« aus
Teenagertagen.

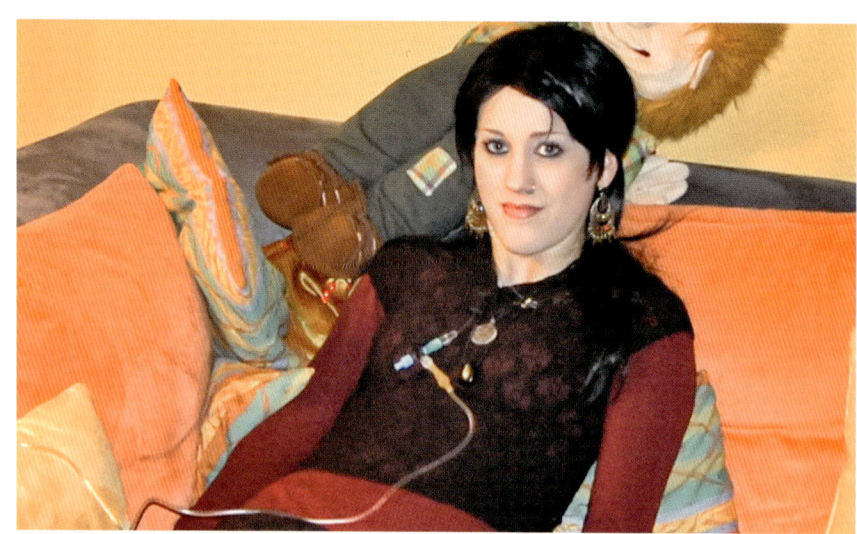

Von jeher haben Fotos in unserem Familienleben einen festen Platz.
Wichtige Erlebnisse, Feiern und Urlaube werden immer festgehalten.
Inzwischen, wie das sicher bei vielen Familien der Fall ist, existieren unzählige Foto-
bücher mit wunderschönen Erinnerungen. In diesem Jahr aber sollte alles anders
sein. Seit Beginn der Krankheit im Herbst hatte ich keine Bilder mehr gemacht.
Nicht nur, dass Nana das Fotografieren im Krankenhaus kategorisch untersagte,
sie wollte es auch zu Hause nicht. Doch als sie da an Heiligabend bei uns daheim
auf dem Sofa lag, verspürte ich das dringende Bedürfnis, diesen Moment festzuhalten. Wir hatten so hart für ihre Entlassung über die Feiertage gekämpft!
Kurz vorher war sie noch mit hohem Fieber in die Klinik eingeliefert worden, daher
wollten die Ärzte sie keinesfalls nach Hause gehen lassen. Aber für Nana war es
schlicht unvorstellbar, das ihr so wichtige Weihnachtsfest auf der onkologischen
Station zu verbringen. So konnten wir sie – mit der ärztlichen Unterstützung
durch Dr. Silke und Dr. Christoph Seitz im Rücken – gegen den Willen der behandelnden Ärzte in Großhadern am 23. Dezember 2010 nach Hause holen. Unser
Wohnraum verwandelte sich in ein Krankenzimmer: Die Stehlampe wurde zum
Infusionsständer umfunktioniert, auf dem Tisch standen Desinfektionsmittel und
Nierenschale immer griffbereit.

Nana mit ihrem schmalen Gesicht – sie hatte in den vergangenen drei Monaten deutlich an Gewicht verloren – war auf bunte Kissen gebettet. Sie trug das erste Mal ihre neue Perücke. Dunkelhaarig, so wie früher. Ein teures, von der Krankenkasse bezahltes Modell, ausgesucht im Friseurgeschäft des Klinikums Großhadern. Extra für Heiligabend hatte sie sich mit einem schwarzen Rock und passendem Oberteil mal wieder richtig gestylt und sorgfältig geschminkt. Jetzt durfte ich das erste Foto machen, auf dem sie skeptisch-unsicher in die Kamera blickt und zu fragen scheint: Bin ich das? Mama? Wirklich?«

Das schönste Weihnachtsgeschenk des Abends bekommt Nana von ihrem Freund Chris: ein schwarzer Brokatmantel, aufwendig gearbeitet, am Rücken geschnürt, auf der Vorderseite mit silbernen Knöpfen verziert. Nana liebt dieses Kleidungsstück vom ersten Augenblick an. Sie wird es u. a. zum allerletzten Fotoshooting mit ihrer Mutter im Schleißheimer Schlosspark anziehen. In diesen »Königsmantel« wird Nana schließlich sogar für die letzte Reise in ihrem Sarg gehüllt.

Es entstehen nur wenige Bilder an diesem Weihnachtsabend: Nana vorsichtig lächelnd auf dem Sofa. Nana stolz in ihrem neuen Mantel. Für Barbara sind sie unendlich wertvolle Dokumente:

> *An Heiligabend 2010 gingen Nana und ich einen ersten Schritt in unsere gestalterische Zukunft. Nach drei Monaten, in denen sich Nana ausschließlich als kranken und wenig attraktiven Menschen wahrnahm, sah sie jetzt auf dem Foto eine zwar schlanke, aber hübsche junge Frau.«*

Damit nicht genug: Nana ist bereit für mehr – viel mehr.

Königliche Nana in ihrem geliebten Mantel beim letzten Fotoshooting mit Barbara, 13.12.2011.

Bis Nana und Barbara weitere Fotos machen, werden allerdings zunächst mehrere Wochen vergehen. Denn Nana absolviert in dieser Zeit drei Chemozyklen, die sie sehr schwächen. Diese nach den Anfangsbuchstaben ihrer Wirkstoffe benannte »VIDE«-Therapie, die speziell bei Ewing-Sarkom-Patienten eingesetzt wird, ist äußerst anstrengend und nebenwirkungsreich.

Als dann im März 2011 eine neue Chemotherapie zum Einsatz kommt, die Nana nicht mehr derart schlimm belastet, steigt bei ihr die Bereitschaft, weitere Fotos zu machen. Nana entdeckt im Internet eine günstige Perücke aus dem Faschingsbedarf. Sie ist farblich zweigeteilt: oben rot, nach unten hin schwarz gesträhnt. Nachdem sie das verrückte Haarteil aufgesetzt hat, will sie auch das Fotografieren ausprobieren. Nana selbst erzählt im September von diesem ganz besonderen Märztag in einem Filminterview (www.recoveryoursmile.org):

Chris, Nanas Verlobter, zu ihren Chemotherapien:

»Ich persönlich hätte viel früher schon aufgegeben. Sie wusste ja haarklein, was da jedes Mal auf sie zukommt. Erst eine Woche Krankenhaus, dann eine Woche, in der es einem nicht wirklich gut geht, und darauf eine Woche, in der es einigermaßen geht. Dann wieder rein – und alles fängt von vorne an. Gerade mal in einem Drittel der Zeit fühlt man sich so einigermaßen – und sich dann zu sagen: Diese eine Woche genieße ich ... Aber Nana konnte das.«

》》 *Es war mir richtig unangenehm, als meine Mama damals an Weihnachten die Fotos machte. Doch als ich mir diese Perücke im Internet bestellt hatte, dachte ich: Jetzt schminke ich mich mal wieder! Vorher hatte ich das nicht mehr gemacht. Wenn es einem so schlecht geht, hat man kein Interesse daran, sich morgens herzurichten, um so auf die Straße zu gehen. Ich fand, das sah einfach so cool aus, weil ich auf einmal so ein anderer Mensch war! Zum einen nicht so wie vorher mit meinen Haaren, aber auch nicht mehr so krank. Dann hab ich meine Mama gefragt, ob sie denn ein paar Bilder machen will. Nicht dass ich dann irgendwann traurig bin, weil ich aus dieser Zeit keine Fotos habe. Sie meinte, sie würde das schon gerne machen, aber sie möchte auch Fotos ohne Perücke. So, wie ich geschminkt bin, mit meinem Outfit – aber eben ganz ohne Haare. Ich glaube, sie wollte mir damit zeigen, dass ich trotzdem gut aussehe.«*

Bis aufs Haar

Sich selbst als schöne Frau trotz Glatze entdecken. Ein Wendepunkt in Nanas Leben. Denn wie wohl für alle Frauen – und ganz besonders natürlich für junge – wurde für sie der Verlust ihrer Haare zu einem buchstäblich einschneidenden Erlebnis.

Nanas langes, dunkles, glattes Haar war weit mehr als lediglich eine Frisur. Es war ein Statement. Sie definierte damit ihren Typ, ihre modische Zugehörigkeit. Ihre schwarze Mähne reichte ihr bis zur Taille, und sie pflegte sie mit großer Hingabe.

Perfektes Styling und Outfit – Nana offenbarte bereits über diese äußerlichen Attribute Hinweise, wer und wie sie wohl sein könnte: welche Musik sie hört, wie ihre Freunde aussehen, welche Lieblingsfilme sie sich ansieht und in welchen Clubs und Bars sie abends anzutreffen ist.

Falsche Mähne, echte Mähne. Links Nana mit schrillem rot-schwarzem Kunsthaar (18.3.2011), rechts Nana mit ihren eigenen schwarzen Haaren (20.4.2009).

Das Haar macht uns zu sinnlichen Wesen. Es steht für Anmut, Attraktivität, Verführung. Die weibliche Glatze dagegen symbolisiert Krankheit, Schwäche, Leiden – all das, was unsere Gesellschaft so gerne nachhaltig ausgrenzt. Nicht von ungefähr war Nanas erste Reaktion auf ihre Krebsdiagnose Ewing-Sarkom nicht etwa: »Muss ich sterben?« Sondern: »Werde ich jetzt meine Haare verlieren?!«

Noch zu Beginn der Chemotherapie hoffte sie, das Haar oder wenigstens Augenbrauen und Wimpern würden ihr bleiben. Vergeblich. Und so flossen bittere Tränen, als sie die ersten ausgefallenen Büschel in ihren Händen hielt. Weinend stimmte Nana schließlich zu, dass Barbara die noch verbliebenen Strähnen auf Schulterlänge kürzte. Tage später wurden auch diese abrasiert, denn das Ausfallen der Haare ist nicht zuletzt körperlich ein schmerzhafter Prozess – Berührungen an den Haarwurzeln und auf der Kopfhaut sind unangenehm und tun weh.

Monate später dann die Glatze als schönes Merkmal zu akzeptieren, stellte auch Nanas Triumph über die Krankheit dar. Und den musste sie mittels Fotos unbedingt mit der Welt teilen.

»Nase«, Nanas beste Freundin: *»Wir haben uns immer mal gehört, viel geschrieben, über Facebook oder SMS. Wir haben uns auch öfter gesehen, aber in der Zeit, in der sie in Quarantäne war, hat Nana immer geschrieben: Deine ekligen Keime könnten mich ja umbringen. Bitte bleib zu Hause!«*

Sterbenskrank und lebensmutig

Wie öffnet sich ein Mensch ein Tor zur Welt, wenn er körperlich schwach und zur Isolation gezwungen ist? Nana entdeckt ihr Tor nach draußen schnell. Über Mails, Messenger, SMS und Facebook hält sie immer dann ihre Außenkontakte, wenn ein schwaches Immunsystem und wiederholte Fieberschübe Besuche in der realen Welt verbieten oder wenn sie stationär an die Klinik gebunden ist. Jede SMS ist ein Strohhalm in den einsamen Nächten ohne Familie in der Dunkelheit von Großhadern. In der Anfangszeit, in der Nana sich in jeder Hinsicht

in einer extremen Ausnahmesituation befindet, ist sie in den Nachtstunden mit der Bewältigung ihrer Krisenphasen auf sich gestellt.

Eines Nachts hat ihre VIDE-Chemotherapie nicht nur die üblichen Folgen: Nana reagiert auf einen Wirkstoff sehr heftig – sie beginnt zu fantasieren und ist zum Teil nicht mehr ansprechbar. Als diese Nebenwirkung das erste Mal auftritt, ist Nana fassungslos und sendet am 1.11.2010 abends – nachdem ihr Freund Chris die Klinik verlassen hat – eine SMS an Barbara:

> *Chris ist gerade gefahren. Ich glaub, ich hab Halluzinationen. Soll ich einfach die Augen zumachen oder einen Pfleger holen? Es sieht so aus, als wäre alles hier in Alufolie gewickelt, und vor mir steht ein riesiges Plüschmonster!«*

Ihre Mutter wäre jetzt natürlich am liebsten an Nanas Seite, aber die Besuchszeit in der Klinik ist zu Ende – es besteht für Barbara keine Möglichkeit, zu ihrer Tochter zu gehen. Ausnahmen: unmöglich. So bleibt den beiden wieder einmal nur die nächtliche Kommunikation via Handy. Gerade in der Dunkelheit, wenn sie ins Grübeln gerät, offenbaren sich ihr Gefühle und Gedanken, die Nana ihrer Familie gegenüber eher selten äußert. In den ersten Novembertagen schickt sie diese SMS an Barbara:

Silvia Kufner, viele Wochen Mitpatientin von Nana:

»Als es Nana so schlecht ging und sie in dieser Nacht aufs Klo musste und die Tür nicht gefunden hat, bin ich mit ihr gegangen und habe vor der Tür gewartet; die Tür nur angelehnt, falls was ist. Dann habe ich sie wieder ins Bett gebracht. Und was war am nächsten Tag Nanas einzige Sorge? Dass sie mich aufgeweckt hatte und ich nicht schlafen konnte!«

> *Mama, meinst du, wir schaffen das alles und ich werde wieder gesund? Was, wenn mein Körper mich wieder im Stich lässt und ganz kaputtgeht? Ich mag doch nicht so früh sterben.«*

Dass Nana ihre Angst so klar formuliert, ist die Ausnahme. Und das wird in den 15 Monaten ihrer Krankheit auch so bleiben. Meist ist Nana verblüffend stark – und so ist sie es, die ihre Mutter am nächsten Tag per SMS tröstet:

>> *Mami, es tut mir so leid, dass ich gestern Abend so negativ war. Ich wollte nicht, dass du wegen mir weinst oder noch mehr Angst hast. Ich weiß nicht, warum es gestern Abend so über mich gekommen ist. Ich versuche, wieder besser drauf zu sein und mehr Mut zu haben. Bis nachher, ich liebe dich sehr, Bussi.«*

Rum-Hartzen & Party machen mit Dad

Nana hat in Großhadern immerhin per Handy einen heißen Draht zu engen Freunden und zur Familie, zu Mama, zu Dad, um mit ihnen ihre Empfindungen zu teilen. Von zu Hause aus kommuniziert Nana mit ihrem Vater Axel gerne über Chat oder über Videokonferenzen.

Links: Vater und Tochter im November 2009. Rechts: Vater und Tochter auf »ihrer« Steinbank am Starnberger See im August 2011. Die Inschrift hinter (und in) ihren Köpfen: »Es gibt in Wahrheit kein letztes Verständnis ohne Liebe« (Christian Morgenstern).

Durch seine Tätigkeit in einer leitenden Vertriebsposition bei Microsoft in München ist Axel Stäcker beruflich viel unterwegs. Natürlich hat auch er darüber nachgedacht, seine Arbeit eine gewisse Zeit ruhen zu lassen. Seine Kollegen, sein Chef, sie alle signalisieren ihm, er habe jede Möglichkeit, sich den nötigen Freiraum zu schaffen. Sogar eine »Auszeit«, ein Sabbatical sei denkbar.

Axel aber entscheidet sich für die Alternative, die seiner Familie in der schweren Zeit komplett den Rücken frei-

halten wird: Er arbeitet weiter, sodass zumindest auf wirtschaftlicher Seite keine Probleme entstehen. Selbstverständlich verbringt er die Abende, die Wochenenden, jede arbeitsfreie Minute mit seiner Tochter. Er ist es, der sie oft zum Lachen bringt. Mit dem sie, auf dem Sofa liegend, sich über Doku-Soaps im Fernsehen königlich amüsiert, was bei den beiden einfach »Rum-Hartzen« heißt. Mit der er – so Nana fit genug ist – im Auto durch die Gegend fährt, mit offenem Fenster bei lauter Musik. Das haben sie schon früher immer gemacht, wenn Barbara länger in der Praxis arbeitete. »Party machen« nennen Vater und Tochter das.

Nana auf Facebook (September 2011):
»Some say to survive it: You need to be as mad as a hatter. Which luckily I am … ♥«

Axel genießt es, seiner Nana materielle Wünsche erfüllen zu können: den spontanen Hunger auf Pizza, eine neue verrückte Perücke, ausgeflippte Stiefel, die sie auf einer Gothic-Seite im Internet entdeckt hat. Per Mail, per Chat erreichen ihn Nanas kleine oder großen Wünsche, in der Regel mit einem entsprechenden Link. Nur zu gerne stimmt er zu. Oft aber fühlt sich Axel einfach nur hilflos:

>> *Das Schlimmste ist, wenn du als Vater siehst, wie sehr dein Kind leidet. Manchmal hab ich mich wirklich gefragt, was Nana noch alles mitmachen muss! Diese schrecklichen Schmerzen, die sie gequält haben. Man steht daneben und kann überhaupt nichts machen. Barbara hatte es da sozusagen etwas ›einfacher‹: Da sie die ganzen pflegerischen Aufgaben übernahm, konnte sie Nana wirklich helfen, auch ganz konkret ihre Schmerzen lindern. Wie oft habe ich Nanas dankbares ›Ach Mama, das tut gut!‹ gehört. Ich glaube, es ist leichter, in solchen Situationen selbst etwas zu tun zu haben, als einfach nur herumzustehen und zuzusehen. Was ganz bestimmt nicht heißt, dass Barbara nicht wahnsinnig darunter gelitten hätte! Unsere Arbeitsteilung war notwendig, damit jeder seine Position in der Gesamtsituation finden konnte. Wir haben das strikt getrennt, von Anfang an. Ich war zuständig für das Geld und wusste im Gegenzug: Nana ist bei Barbara in besten Händen. Als Eltern hatten wir die Aufgabe, das möglichst Optimale – und zwar ausschließlich für Nana – aus allem herauszuholen.«*

Ein Mundschutz mal nur als Fotoaccessoire, fernab klinischer Notwendigkeit (September 2011).

Manchmal will Axel gar nicht alle Details wissen, da er ja doch nichts ändern kann. Besonders hart: wenn er beruflich unterwegs ist und ihn Nachrichten über gravierende Verschlechterungen erreichen.

» *Wenn ich in München war, habe ich Nana natürlich jedes Mal in die Notaufnahme begleitet. Wenn ich nicht dabei sein konnte, war ich entsprechend nervös. Umso dankbarer bin ich für die technischen Möglichkeiten, die wir heute haben. Es ist schon beeindruckend, wie das Internet Nana aus der Isolation holte. Natürlich hat es mir gut getan, sie in einer Videokonferenz auf dem Bildschirm zu sehen!«*

Auf der Station, zu Hause, überall nimmt Nana mit Familie und Freunden Kontakt auf, auch über Facebook. Hier zeigt sie nur die starke Nana. Unter dem Pseudonym »Nana Sixx« veröffentlicht sie kaum private Bilder, sondern überwiegend ihre akribisch konzipierten Porträts. Schon vor der Krankheit hatte sie sich als Modell bei einer Onlineplattform angemeldet. Wie andere junge Frauen träumt Nana von dem ein oder anderen Job, der sich daraus vielleicht ergibt. Mit ihrer Diagnose ist das zunächst kein Thema mehr. Erst als sie die ersten Bilder mit ihren Perücken online stellt und überwältigende Reaktionen bekommt, realisiert sie nach und nach, welch enormes fotografische Potenzial in ihr steckt.

Mut und Zerbrechlichkeit

Mit jedem Shooting gewinnt Nana an Sicherheit, an Ausdruck. Ihre Fotos werden immer stärker, immer magischer. Jeder Facebookeintrag von Freunden und Fremden zu ihren Fotos entwickelt sich in mehrfacher Hinsicht zu einem positiven Moment: Nana wird als attraktiv wahrgenommen, keinesfalls als krank.

Ihre Courage wird mit großer Zustimmung belohnt und bestärkt sie weiterzumachen. Spätestens als immer neue Fotografen auf sie aufmerksam werden, entfaltet sich die gesamte Tragweite ihres offensiven, öffentlich gemachten Mutes: Jetzt arbeitet sie als Fotomodell, trotz ihrer Krankheit. Aber – nicht wegen ihr! Denn Nana vermeidet es, von sich aus ihre Erkrankung zu erwähnen. Keinesfalls möchte sie als »das krebskranke Model« stigmatisiert werden. Und Mitleid erhaschen schon gar nicht. Manche Fotografen wissen bis zum persönlichen Treffen nichts über ihre Situation, aber sie spüren das Besondere: Die Traurigkeit in Nanas Augen, die Hoffnung in ihrem Blick. Jugend und Weisheit. Die heimtückische Krankheit hinter dem perfekten Styling.

Wenn aber jemand in privaten Mails fragt, macht Nana kein Geheimnis aus ihrem Gesundheitszustand und beantwortet Fragen offen und ehrlich. Und später, nach der Veröffentlichung unzähliger Fotos ganz ohne Perücke, kommentiert sie eines so: »Make-up: Nana Sixx. Hairstyling: Made by Cancer«.

Die Tür, die Nana mit Facebook geöffnet hat, wird während ihrer ganzen Krankheitszeit weit offen stehen. Sogar während ihres Sterbens – und noch lange nach ihrem Tod.

Andenken

Was wird von mir bleiben, wer wird sich an mich erinnern? Wo mancher hoffen kann, im Gedächtnis seiner Kinder und Enkel weiterzuleben, fürchtet Nana oft, ihr bliebe das verwehrt. Dabei wünscht sie sich so sehr Kinder. Schon als sie Chris kennenlernt, formuliert sie ganz klar: Mich gibt es nur als zukünftige Mutter! Dieses Thema gewinnt gleich zu Beginn der Erkrankung an Brisanz.

Das Model und sein Künstlername:

Nana als Nana Sixx (April 2009).

Denn bevor die erste Chemotherapie startet, soll Nana – wie andere Krebspatientinnen auch – die »Kinderwunschsprechstunde« in Großhadern besuchen,
um den Erhalt ihrer Fruchtbarkeit zu erörtern. Im Rahmen der Behandlung
droht der Verlust der Empfänglichkeit durch starke Medikamente oder Bestrahlung. Daher sucht man nach medizinischen Wegen, die Fertilität zu erhalten,
was sich in Nanas Fall schwierig gestaltet. Viele Möglichkeiten eröffnen sich gar
nicht mehr, da sie einen zeitlichen Vorlauf benötigen. Nanas Chemotherapie
aber muss sofort starten, der Krebs ist schon zu weit fortgeschritten.

Und was, wenn auch diese wenigen Chancen bei ihr keinen Erfolg haben würden? Ein weiterer, schwerer Schlag kurz nach der Diagnosestellung. Barbara
erinnert sich an viele Tränen und Nanas unbedingten Wunsch, sich auf jeden
Fall jede der wenigen Optionen offenzuhalten. Ungewöhnlich für eine so junge
Frau? Die doch zuerst an ihre eigene Gesundheit denken sollte? Die Vision einer
Zukunft ohne Familie, ohne Kinder ist für Nana zu schmerzlich, gehört es doch
zum elementaren Teil ihres Lebenskonzepts. Und so wird sie zum zweiten Mal

innerhalb kurzer Zeit konfrontiert
mit einem zerbrechenden Bild
ihrer Weiblichkeit. Ohne Haare –
und wohl bald unfruchtbar. Der
drohende Verlust nicht nur der
äußeren, sondern auch der inneren
Insignien des Fraulichen und damit
der gesamten weiblichen biologi-
schen Bedeutung stellen Nana auf
eine harte Probe.

Was wird sie hinterlassen? Nana
ist jung, sie hat gerade die Schule
beendet. Natürlich gibt es einen
festen Freundeskreis, ihre Familie,
ja, natürlich sind da Menschen, die

sich an sie erinnern werden. Dennoch kann sie auf keine berufliche Karriere geschweige denn ein »Lebenswerk« zurückblicken. Interessanterweise taucht genau dies, von Außenstehenden formuliert, nach ihrem Tod wiederholt auf.

Nana. Forever?

Nana habe in ihrem kurzen Dasein mehr Spuren hinterlassen als manch einer, dem ein langes Leben vergönnt sei. Das meinen viele. Barbara vermutet, Nana habe ab einem gewissen Zeitpunkt die Fotoaktivitäten ganz bewusst vorangetrieben, um ihren Lieben eine wirklich dauerhafte Erinnerung zu schenken. Ihre Sprache fand sie in den Bildern. Manche wild und ausgelassen, andere unendlich traurig und tief ergreifend. Nana schaffte es, ihre Geschichte ohne Worte zu erzählen, in einer universellen Sprache, die das Herz berührt. Und die man nicht mehr vergisst.

Drei der vielen Gesichter, Rollen und Kostüme der Nana Sixx. Ihr Künstlername geht zurück auf Nikki Sixx, schriller Bassist und Gründer der Metalband Mötley Crüe, mit einer ebenso schrillen Biografie, die Nana faszinierte.

Die **Kraft** der **Schönheit**

Schön krank

Schon immer strebte der Mensch nach Schönheit. Historisch, gesellschaftlich und persönlich können die Ideale dessen, was gemeinhin als schön gilt, durchaus voneinander abweichen. Das Bedürfnis aber, Anmut und Makellosigkeit in Bild und Sprache festzuhalten, zieht sich durch alle Epochen und Stile der Kunst und Literatur.

Schönheit fasziniert uns. Gemälde und Skulpturen in den Museen der Welt locken jeden Tag Besucher an. Prominente Schönheitsvertreter mutieren zu Ikonen der Moderne. Frauen – und durchaus auch Männer – schminken sich nicht nur nach gängigen Modevorstellungen, sie lassen sich sogar dahingehend operieren. Und: Die Suche, die Sucht nach dem perfekten Gesicht und der idealen Figur füllt die Kassen der daraus entstandenen Beautyindustrie.

Nach vielen Chemotherapien und dem Verlust ihrer geliebten langen Haare kann Nana sich endlich wieder schön fühlen.

Krankheit dagegen kann Hässlichkeit bedeuten. Sie kann verunstalten, entstellen, beschädigen. Wir merken, dass »etwas nicht mit uns stimmt«, wir »fühlen uns schlecht«, sind »nur ein halber Mensch«. Bei Krebs tritt dies in aller Regel

---

Info: Psycho-Onkologie

Die Psycho-Onkologie bietet krebskranken Menschen und ihren Angehörigen professionelle Hilfe an und ist im Nationalen Krebsplan* als notwendiger Teil der Versorgung festgeschrieben. Durch Information, Beratung, Begleitung und Behandlung ist es ihr Ziel, gemeinsam mit den Betroffenen nach Wegen im Umgang mit Krebs zu suchen und sie in den durch Krankheit und Therapien entstehenden Herausforderungen und Belastungen zu unterstützen.

Ein Programm des Bundesministeriums für Gesundheit gemeinsam mit der Deutschen Krebsgesellschaft e.V., der Deutschen Krebshilfe e.V. und der Arbeitsgemeinschaft deutscher Tumorzentren

irgendwann für jeden sichtbar an den Tag. Daher assoziieren wir damit klare Bilder: Blässe, Augenringe, Abmagerung. Und natürlich – die Glatze. Ob ein Mann sich haarlos schön findet, ist sicher eine Typ- und Modefrage. Bei Frauen ist es das definitiv nicht.

Umso überraschender erscheint Nanas neue Sicht der Schönheit. Allerdings ist sie nicht ganz so abwegig, wie sie vielleicht zunächst erscheinen mag. Sie beinhaltet sogar eine tiefe und ernste Bedeutung, die auch in der sogenannten psycho-onkologischen Betreuung von Krebspatienten zum Tragen kommt.

Die psycho-onkologische Sicht

Diese spezielle interdisziplinäre Form der Betreuung hat zum Ziel, Krebspatienten und deren Angehörige bei der Bewältigung ihrer Krankheit zu unterstützen. Dies kann in Gesprächen bzw. auch in einer Vielzahl anderer Angebote stattfinden. Beispielsweise durch Kunst-, Musik- oder Tanztherapie möchte man den Betroffenen helfen, das zum Ausdruck zu bringen, was sich manchmal nicht in Worte fassen lässt.

Nana im April 2011. »Fairies« nannte sie dieses Fotoshooting mit ihrer Mutter Barbara.

Im Universitätsklinikum Großhadern bieten einzelne Kliniken psycho-onkologische Versorgung an. Auch der Verein lebensmut e. V. fördert entsprechende Angebote dort und ergänzt sie durch eigene Projekte. Nana lernt hier wunderbare Menschen kennen, die ihr besonders in der Anfangszeit ihrer Erkrankung in Gesprächen sehr viel helfen können. An kreativen Maßnahmen nimmt sie allerdings nicht teil.

Das muss sie auch gar nicht. Nana hat ja schließlich ihre eigene Therapie. Schön sein. Sich wieder schön finden. Sich fotografieren lassen. Und: immer schöner werden.

Lebensmut durch lebensmut

Für die Diplombiologin Serap Tari von lebensmut e. V., die Nana während ihrer Zeit in Großhadern begleitet hat, kommt Nanas therapeutisches Aufspüren ihrer Schönheit in ihrer Krisensituation nicht überraschend:

Links: ein Foto aus der Serie »Barbie«, von Nana selbst bearbeitet (März 2011). Rechts: Nana vor dem Graffiti »Es ist so, wie es ist« (Mai 2011). Sie trägt ihren geliebten Herzanhänger, ein Geschenk ihrer Eltern. Sie trägt ihn auch im Sarg.

Im Rahmen einer Krebserkrankung erleben wir es oft, dass Betroffene – und das heißt sowohl Angehörige als auch Patienten – Vielfältiges entdecken. Bei Nana war es ihre innere und äußere Schönheit. Ihr Strahlen als Mensch, die Rollen, die sie in den Fotografien gespielt hat, das war ihr Weg, auch wenn sie immer Nana geblieben ist.

Wir unterstützen Betroffene darin, eine Plus-Minus-Liste zu entwickeln: Was ist gut, was schlecht? Was bleibt aufgrund der Erfahrung mit der Krankheit unterm Strich? Erstaunlicherweise erscheint da oft ein Plus! Viele erleben die Krise als Chance, sich neu zu entdecken, sich zu entwickeln, Lebensentwürfe neu zu gestalten. Sich auf Dinge zu besinnen, die sie lange nicht getan haben. Bei Barbara war

es nichts anderes. Sie hatte schon immer eine Leidenschaft für die Fotografie und konnte diese in der Krise wiederentdecken. In einer so besonderen intensiven Art und Weise, wie sie es wohl niemals wieder erleben wird. Das sind Dinge, die auch über den Tod hinaus bleiben.«

Als eines Tages eine Therapeutin Nana in ihrem Zimmer besucht, entdeckt sie auf deren Laptop ein Foto: Es zeigt Nana mit pink-schwarzer Perücke, irgendwo draußen in der Sonne. Anja, die Therapeutin, ist begeistert.

Nana war mittlerweile dazu übergegangen, im Vorfeld geplanter Klinikaufenthalte ganz gezielt Fototermine zu absolvieren. Sie hat sich ein einfaches Bildbearbeitungsprogramm zugelegt, mit dem sie viele Stunden des krankenhäuslichen Wartens überbrückt. Sie spielt mit der Farbgebung und retuschiert Fotos. Erst wenn sie mit dem Ergebnis hundertprozentig zufrieden ist, wird das neue Werk online gestellt. Nana, die sich in ihrer selbstironischen Art gerne selbst auf den Arm nimmt, kommentiert ihr Tun einmal so:

»Irgendwie schon peinlich, mich selbst fünf Minuten lang zu bewundern!«
Therapeutin Anja möchte mehr Fotos sehen – und ist weiterhin begeistert.
Nana äußert einen Wunsch: Sie möchte ihre Bilder einer breiteren Öffentlich-
keit zeigen. Anja wendet sich an Serap Tari von lebensmut e. V. – der Verein
bringt ein Magazin mit Themen rund um die Psycho-
Onkologie heraus. Serap schlägt vor, dort einen Artikel
über Nana zu veröffentlichen. Der Artikel erscheint im
Juni 2011. Darin erzählt Nana:

»lebensmut – Leben mit Krebs. Das
Magazin für Mitglieder und Freunde«
bringt Mitte 2011 einen Erfahrungs-
bericht von Nana: »Mein Weg / Es ist
so wie, es ist«. 2012 erscheint wieder
ein Artikel zu Nana: »Eine Idee lebt
weiter. Nanas Vermächtnis« – wenige
Wochen nach ihrem Tod.

» *Für mich ist die Fotosache ein bisschen wie ein Job,*
den ich jetzt habe. Das Fotografieren strengt mich
schon auch an. Aber es macht Spaß, ich kann mir die Arbeit
einteilen, und die Beschäftigung lenkt uns alle ab. Am Anfang
versucht man sich zu verstecken. Jetzt denke ich: Ja, schaut
mich nur an. Wenn nur einer meine Fotos sieht und das Gefühl hat, er kann mit der
Krankheit auch anders umgehen, dann hat sich das alles gelohnt.« *

Es ist so, wie es ist

Eines der im lebensmut-Magazin abgedruckten Fotos entstand bei einem Streif-
zug von Barbara und Nana durch eine Münchner Gegend, die bekannt ist für
wechselnde Graffitis. Nana trägt ihre Perücke mit den lila Strähnen. Auf der
Wand hinter ihr ein grafisches Muster – aber nur auf den ersten Blick. Nana
erzählt dazu:

» *Wir dachten einfach, die Wand mit dem schwarzweißen Kontrast als*
Hintergrund ist ganz schön. Erst als wir uns später die Bilder angesehen
haben, ist uns der Text aufgefallen: Es ist so, wie es ist. Und das passt ja perfekt!«

Dieser Satz wird die Familie von nun an begleiten und zu einem stehenden
Begriff werden: Es ist so, wie es ist.

* Mit freundlicher Genehmigung von lebensmut e.V., München

Oben ohne

Warum leiden Krebspatienten so stark unter dem Verlust ihrer Haare? Knapp zwei Wochen nach Beginn der Chemotherapie ist es meist soweit. Der Griff an den Kopf befördert büschelweise Haare in die Hand. Der Krebs wird sichtbar. Nach einiger Zeit verlieren die Patienten auch alle anderen Körperhaare: Augenbrauen, Wimpern, Achselhaar, Schamhaare…

Während Nana durchaus Freude darüber entwickeln konnte, dass sie sich nun im Intimbereich nicht mehr rasieren musste, litt sie sehr unter dem Verlust ihrer Augenbrauen und Wimpern. Ohne die wirkt ein Gesicht irritierend anders. Manchmal kann ein Gegenüber gar nicht genau benennen, was die Physiognomie derart verändert hat. Irgendwie erscheint es einfach leer. Das kann so belastend speziell natürlich für weibliche Krebspatienten sein, dass sie überlegen, bei einem möglichen Rückfall keine weitere Chemotherapie mehr auf sich zu nehmen.

Oben wieder mit

Über rein äußerliche Aspekte hinaus haben Haare natürlich eine wichtige Funktion. Gerade am Kopf schirmen sie schädliche UV-Strahlung ab, schützen vor Kälte, halten Schweiß zurück.

Eine Perücke dient nur als schlechter Ersatz. Auch wenn Nana jede Menge Perücken besaß, wie Barbara erzählt:

>> *Perücken waren für Nana ein Riesenthema. Seit ihr im Friseurgeschäft im Klinikum Großhadern die von der Krankenkasse bezahlten Ersatzhaare angepasst wurden, schaute sie liebend gern vorbei, um sich dort weitere Exemplare anzusehen. Oft stellte sie sich vor, das nächste wäre Marke ›Omamodell‹ silbergrau, mit akkurat ondulierten*

Nana im Mai 2011 mit der am wenigsten geliebten Perücke; mit ihr fühlte sie sich verkleidet.

Locken. Bestellt hat sie dann doch lieber im Internet, wo sie nur einen Bruchteil dessen zahlte, was die der Krankenkasse kosten. Die passten auch besser zu Nanas Zwecken.

Getragen hat sie die Perücken eigentlich nur zu den Fotoshootings. Ihr Standardkommentar zum gekauften Haarteil, egal, ob teuer oder billig: ›Kratzt, drückt, schwitzt!‹ Meist band sie sich ein Tuch um den Kopf oder trug eine dieser zu großen Wollmützen, die junge Leute so gerne aufhaben. Da dies im Moment sowieso modern ist, fiel sie damit sogar an heißen Sommertagen überhaupt nicht auf. Ganz ohne Kopfbedeckung war sie dagegen kaum zu sehen, auch nicht zu Hause. Die Mütze war für sie die praktikabelste Alternative.

Auf der Krebsstation haben wir viele ältere Damen gesehen, die mit Nachthemd und Ersatzhaar aufrecht in ihrem Bett saßen. Dabei geht es sicher um Würde, aber auch um Normalität. Da hat man viele Jahre lang diese Frisur, dann möchte man sich auch in schwierigen Zeiten daran festhalten. Unser erstes Glatzenfoto hat Nana zwar

»Nase«, Nanas beste Freundin: *»Als Nana im März Barbaras Glatzenfoto bei Facebook gepostet hatte, habe ich sie per SMS gefragt, was denn mit ihr so abgeht. Nanas Anwort: ›Haha, ja, kein Plan, bin jetzt einfach selbstbewusst genug, um mich ohne Haare zu zeigen.‹«*

Links: ein spontan von Barbara geschossenes Foto, während sie ihren Blitz austestet (Dezember 2011). Nanas Gesichtsausduck ist gespielt – oder doch echt?
Rechts: Nanas erstes Bild mit Glatze, von Barbara fotografiert am 18.3.2011 beim allerersten Shooting. Nanas Mut zu diesem Foto, zu seiner späteren Öffentlichkeit via Facebook wird belohnt. Genau in der Richtung, die Nana sich so sehr gewünscht hat.

auf Facebook gestellt, aber sie musste zuvor ein, zwei Tage darüber nachdenken, ob sie das wirklich will. Es erschien dann ohne Kommentar, in einem Album, nicht etwa als Profilbild oder sonstwie exponiert. Es hat ihr als starkes Motiv gefallen, aber es erinnerte sie natürlich daran, dass sie krank ist. Es beschönigte nichts – und das tat Nana weh. Sie wusste um die Signalwirkung für andere. Daher ließ sie dieses Bild bis zuletzt auf ihrer Facebookseite. Aber so richtig glücklich wie mit anderen Aufnahmen war sie damit nie.«

Mitreißend mutig

Reinhild ist Ende 40. Etwa zeitgleich mit Nana – also im November 2010 – erhält sie ihre Diagnose: Brustkrebs. In der Phase ihrer Chemotherapie surft Reinhild viel im Internet und stößt dabei auf das Magazin des Vereins lebensmut e. V. Sie selbst hat gerade ihr Haar verloren und ist absolut fasziniert von Nanas Selbstbewusstein.

Als sie auf Nanas Facebookseite Bilder mit Graffitis im Hintergrund entdeckt, ist ihr klar, dass sie Kontakt aufnehmen muss. Denn schließlich hat Reinhild ebenfalls exakt in dieser Münchner Gegend fotografiert.

Wie Nana versucht sie, trotz der parallel ablaufenden Behandlungen ihre verbleibende Zeit kreativ zu nutzen. Auf ihren Spaziergängen durch München fallen ihr plötzlich all die kleinen und großen Kunstwerke an Hauswänden und Mauern der Stadt auf, an denen sie früher achtlos vorbeigelaufen ist. Sie beginnt, diese fotografisch festzuhalten. Das Bunte, Farbige zu entdecken. Viel draußen zu sein, Freiraum zu spüren. Den Moment einzufangen. Eine starke Verbindung zwischen den beiden Frauen.

Auch Reinhild wird sich schließlich haarlos fotografieren lassen. Es ist ein sonniger Tag auf dem Alten Südfriedhof. Sie nimmt das erste Mal außerhalb der eigenen vier Wände die Perücke ab, ein Bild entsteht. Bei ihr es nur umgekehrt: Die Tochter fotografiert die Mutter. Reinhild erzählt:

Mai 2011: Nana in der Münchner Tumblingerstraße, bekannt für Graffitis auf zum Teil offiziell genehmigten Sprühflächen.

» *Da erinnerte ich mich an Nana und schaute mir noch mal den lebensmut-*
Artikel an. Schließlich stellte ich meine Bilder auf meine eigene Facebook-
seite. Und das nur, weil ich sie als Vorbild hatte. Krebs ist immer noch stark tabui-
siert, am Anfang bin ich noch nicht einmal zu Hause ohne Perücke rumgelaufen,
wenn Freundinnen meiner Tochter zu Besuch kamen! Und bei Facebook kann
man nicht mehr kontrollieren, wer sich das anschaut. Mir war es aber wichtig,
aus dieser Tabuzone ›Das ist verboten, so darf man sich nicht zeigen!‹ heraus-
zutreten. Immer soll es im privaten Raum bleiben. Davon war ich irgendwann
richtig genervt.«

Bewegende bewegte Bilder

Den letzten Kick bekommt Reinhild durch Nanas Promotionsvideo für ihre
Modeltätigkeit. »Das fand ich genial!«, so Reinhild. Der Film war zu Hause
entstanden, Barbara an der Kamera. Geschnitten hat ihn Nana am Laptop.
Er hat die Anmutung eines normalen Modelvideos: Nana mit schwarzer Lang-
haarperücke, ihre Finger gleiten durch die Strähnen, als wären sie echt. Den
Blick hat sie wie immer direkt auf den Betrachter gerichtet.

Provozierend scheint sie zu fragen: »Na, das gefällt dir,
was?« Die Kamera gleitet über Nanas Körper, ihre Strass-
halskette, den schwarzen BH mit Nieten, Spitzen- und
Lackapplikationen. Man sieht ihr Bauchnabel-Piercing
– ein Totenkopf aus Strasssteinen. Nana präsentiert
ihren Körper, die Finger berühren ihren leicht geöffneten
Mund. Trotz der starken Sinnlichkeit wirkt sie gleichzei-

**Reinhild, Krebspatientin,
im Interview zu Nanas auf Facebook gepostetem Glatzenbild:**
*»Das ist schon eine Gratwanderung:
Wem traust du dich so zu zeigen
und wem nicht?«*

tig unschuldig. Ist es das Make-up, das zwar wie immer perfekt, aber dennoch
zurückhaltend ist? Ihr heller, porzellanfarbener Teint? Schimmert Verletzlich
keit durch die Fassade hindurch? In den nächsten Einstellungen sieht man Nana
im Garten, im gleichen Outfit. Klare Aussage ihres Posings: »Man kann mich
buchen!« Und dann, völlig überraschend, der schnelle Griff an den Kopf. Die
Perücke ist unten. Mit kahlem Schädel grinst Nana in die Kamera, streckt dem

Zuschauer den erhobenem Mittelfinger entgegen und freut sich mit einer
»Na, nicht gedacht?«-Schnute über ihren gelungenen Coup.

Barbara erzählt, diese Demaskierung sei nicht im Geringsten geplant gewesen, sondern ganz intuitiv passiert. Beide hätten sie dann – genauso spontan – für zeigenswert gehalten.

3. August 2011. Die Mailkorrespondenz zwischen Nana und Reinhild:

>> *Liebe Reinhild, ich finds so toll, dass du dein Profilbild geändert hast! Es sieht wirklich soooo gut aus, total ausdrucksstark! Alles, alles Liebe, Nana«*

>> *Liebe Nana, danke dir, deine Rückmeldung freut mich total. Ich habe schon Mut gebraucht, um es hochzuladen, es war aufregend, und ich hatte auch Angst – und dann kamen die vielen positiven Reaktionen. Das tut echt gut! Und dein Video hat den Ausschlag gegeben. Danke noch mal!! Liebe Grüße, Reinhild«*

Der Link zu Nanas Promotionsvideo:

www.recoveryoursmile.org

Nana hat ein Ziel erreicht. Eine andere Krebspatientin wagt den Schritt in die Öffentlichkeit, ausschließlich wegen ihr. Für Nana eine interessante und wichtige Erkenntnis: Es geht ja nicht nur um sie! Viele andere kämpfen mit den gleichen Problemen. Stehen mit ähnlichen Gefühlen vor dem Spiegel. Vielleicht könnte Nana ihnen ja mit ihren Erfahrungen helfen. Nur – wie?

Recover your smile

>> *Von: Nana Sixx An: Lilly meets Lola, 23. September 2011*
Betreff: Frage
Sehr geehrte Damen und Herren,
mein Name ist Nana. Durch eine befreundete Mitarbeiterin des ›lebensmut e.V.‹ des

Klinikums Großhadern, in welchem ich mich derzeit wegen Krebs in Behandlung befinde, bin ich auf Sie aufmerksam geworden. Kurz zu mir: Ich bin seit
Oktober 2010 wegen eines Ewing-Sarkoms in Behandlung. Durch die Chemotherapie habe ich meine Haare und zu Beginn damit auch mein Selbstbewusstsein verloren. Erst durch verschiedene Fotoshootings mit diversen Perücken und
Make-ups konnte ich wieder etwas mehr Selbstvertrauen finden. Mittlerweile
habe ich schon wieder ein paar eigene (wenn auch noch sehr kurze...) Haare und
gehe regelmäßig zu verschiedenen Fotoshootings mit diversen Fotografen. Daher
meine Frage: Ich würde sehr gerne zusammen mit meiner Mutter, welche mich
sehr unterstützt, fotografisch als auch privat, etwas davon
an andere Krebspatientinnen weitergeben. Daher wollte ich **Sandra Kader, Make-up-**
wissen, ob es für Sie in Frage käme, eventuell eine Zusam- **Schule Lilly meets Lola:**
menarbeit anzustreben? Es soll hier nicht darum gehen, mit *»Nana war für unser Projekt*
den Fotografien Geld zu erwirtschaften, sondern einfach, den *wie ein Geschenk.«*
Patientinnen zu zeigen, dass sie auch ohne Haare bzw. mit
Perücken und dem richtigen Make-up gut aussehen können,
und das dann auch in Form von ein paar schönen Bildern festzuhalten.
Ich würde mich sehr über eine Antwort von Ihnen freuen!
Mit freundlichen Grüßen, Nana S.«

Mit dieser Mail beginnt eine Freundschaft, die zu den intensivsten in Nanas
letzten Monaten heranreifen wird. Sandra Kader, Geschäftsführerin der Make-
up-Schule Lilly meets Lola in München, mailt zurück:

>> *Hallo liebste Nana, ich hab mich sofort in dich verliebt!!!! Tausend Dank
dafür, dass du uns kontaktiert hast, du bist echt der Wahnsinn, und
nach einer Frau wie dir haben wir so lange gesucht! Wir würden sehr, sehr gerne
zusammen mit dir arbeiten. Vielleicht rufst du mich einfach mal an, und wir quat-
schen einfach mal über alles?
Hab einen super Tag du Liebe, Sandra«*

Sandra Kader hat schon seit geraumer Zeit versucht, Kontakt mit Krebspatientinnen aufzunehmen. Ihr Beruf ist die Schönheit. Sie ahnt, wie schmerzhaft deren Verlust sein muss und möchte bei der Wiederentdeckung helfen. Nicht jeder hat dafür Verständnis. So bekam sie zum Beispiel von einem Arzt auf einer onkologischen Station zu hören: »Schminken? Glauben Sie wirklich, die Frauen hätten jetzt keine anderen Sorgen?« Schließlich stößt sie auf lebensmut e. V., wo man ihr Anliegen ernst nimmt und sie mit Nana zusammenbringt. Schnell wird ein Treffen verabredet, wie Sandra berichtet:

> *Rosi, meine Partnerin, und ich hatten uns vorher Gedanken über den Umgang mit Krebspatientinnen gemacht. Man hat ja doch eine gewisse Scheu! Wir sind dann zu dem Schluss gekommen, am besten genau so zu sein, wie wir eben sind. Ich bin eigentlich Kinderpsychologin und habe einige Jahre auch mit krebskranken Kindern gearbeitet. Daher kenne ich die Frage, wie weit man alles an sich heranlässt. Für mich gab es immer eine Grenze: bis hierhin und nicht weiter. Bis Nana kam. Mit ihr war es ganz anders.«*

Nana auf Facebook (4.10.2011):
»Going to meet the girls from Lilly meets Lola on friday ♥ I'm soooo excited to get to know them :)«

Nana und Sandra empfinden auf Anhieb eine Vertrautheit, als würden sie sich schon lange kennen. Die Bindung, die sie beim ersten Treffen eingehen, wird sich schnell vertiefen und für Sandra später eine große emotionale Herausforderung in Nanas Sterben sein. Zunächst aber kann Sandra es kaum fassen:

> *Nana konfrontierte uns knallhart mit dieser absurden Situation: auf der einen Seite lebenslustig und auf der anderen todkrank! Sie sah aus wie das blühende Leben, immer besser geschminkt als wir alle hier in der Make-up-Schule. Sie hielt es für absolut inakzeptabel, gänzlich ungeschminkt auf die Straße zu gehen. Das käme ja einer Beleidigung gleich! So krank und dann noch ohne Make-up – das könne man wirklich niemandem zumuten. Nana war entwaffnend offen und lustig.«*

Bereits beim ersten Treffen kommt das Gespräch auf »Recover your smile«, denn Nana, die sich diesen Namen überlegt hat, träumt davon, ihre positive Erfahrung weiterzugeben.

Durch Mithilfe der Make-up-Schule sollen Chemopatientinnen – selbstverständlich kostenlos – in einem geschützten Rahmen in kleine Gruppen eingeladen und einfühlsam mit den Grundlagen des Schminkens vertraut gemacht werden. Die Herausforderung liegt im Dezenten: Wie setzt man Rouge, damit es nicht künstlich wirkt? Wie zeichnet man möglichst natürliche Augenbrauen? Sandra erklärt, warum gerade hier professionelle Hilfe nötig ist.

Vielleicht klingt das für Nichtbetroffene banal: die paar Wimpern, das bisschen Rouge! Aber ohne Haare, Wimpern, Augenbrauen sehen wir fast aus wie Aliens. Eine Chemopatientin hat alle bestimmenden Faktoren ihrer weiblichen Kontur im Gesicht verloren, denn auch Augenaufschlag und ›Wimperngeklimper‹ gehören zum Repertoire weiblicher Verführung. Gänzlich ohne Naturwimpern ist es extrem schwer, ein künstliches Paar zu befestigen. Mit einem Lidstrich kann man fehlende Wimpern ganz gut kaschieren; allerdings sollte man diesen eher unauffällig ziehen. Die betroffenen Frauen erhoffen sich von uns Profis also Tipps, wie sie natürlich, alltäglich aussehen und nicht überschminkt wirken.«

7.12.2011: Fotos mit Nana für »Recover your smile«; der »Port« unter ihrem rechten Schlüsselbein ist bewusst in Szene gesetzt.

Nana soll bei »Recover your smile« für Authentizität stehen, aber auch für Extravaganz. Und Nana wünscht sich, dass die Frauen sich darüber hinaus auf eine spielerische Verwandlung einlassen. Genau wie sie mit ihren schrillen Perücken, Outfits und Make-ups. Und dass sich die Frauen so fotografieren lassen – falls sie möchten.

Nana selbst begreift ihre Krankheit in diesem Punkt als Chance, anderen Hilfestellung zu geben, weitere neue Facetten an sich zu entdecken und durch die Hässlichkeit der Krankheit zu einer neuen Schönheit zu werden. So wie aus einer grauen Hülle eines Tages ein prächtiger Schmetterling kriecht. Nana selbst wird diesen Tag nicht erleben, doch aus ihrem Projekt »Recover your smile« wird im August 2012 ein gemeinnütziger Verein werden, der sich im September das erste Mal der Öffentlichkeit präsentieren wird.

Die Puppe

Mit der Fotografin Conny Stein ist im April 2011 ein Shooting verabredet:

Irgendwann standen Nana und Barbara vor meiner Studiotür. Ich wusste von Nanas Erkrankung, war dementsprechend aufgeregt und hatte feuchte Hände. Man ist ja doch unsicher, wie man mit dieser Situation umgehen soll.

Nana im Interview (September 2011):

»Warum soll ich mich so lange verstecken, bis ich wieder gesund bin?«

Bereits vor Beginn des Shootings sagte Nana ganz klar: Ohne Perücke gibt es kein Foto. Ich hab dann mal um die Ecke gelinst, als sie mit der Visagistin beim Schminken saß, und dachte mir: Wie hübsch Nana ohne Haare ist! Die Visagistin hatte eine Perücke mitgebracht, fast genauso, wie Nanas Haare früher waren. Ich war begeistert, wie gut die zu ihr passte. Aber das war nicht, was sie wollte. Nana wollte schriller aussehen, extremer, einfach auffallen. Ich kam damit im ersten Moment gar nicht klar, hatte ich doch erwartet, sie würde so wie früher aussehen wollen. Dann verstand ich sie: Sie musste sich mit der Situation arrangieren, dass sie jetzt ein völlig anderer Typ ist.«

Das Shooting mit Conny Stein ist eigentlich ein von Barbara lang geplantes Weihnachtsgeschenk für Nana und ihren Freund Chris. Doch mit der Diagnosestellung Ewing-Sarkom ist diese Idee auf unbestimmte Zeit verschoben.

Erst mit den Fotos, die Nana mit ihrer Mutter macht, und dem damit langsam zurückkehrenden Selbstbewusstsein rückt auch ein Profishooting wieder in den möglichen Fokus. Nana erzählt im Interview (September 2011):

> *Ich hab mir gesagt, warum soll ich eigentlich nicht jetzt zu Conny gehen? Ich hatte so viel Vertrauen, dass sie auch jetzt etwas Gutes aus mir her-ausholt. Wenn zu dem Zeitpunkt, als ich noch gar keine Haare hatte, ein anderer Fotograf gefragt hätte, hätte ich es glaube ich nicht zugesagt. Es ist so ein intimer Moment, weil mich eigentlich nur meine engsten Vertrauten ohne Haare gesehen haben. Es war auch etwas, was ich erst nur mit meiner Mama machen wollte.«*

Nana in Schwarz-Pink, einer ihrer Lieblingskombinationen, vor Conny Steins Kamera.

Am Ende eines langen Shootings mit vielen Perücken und verschiedenen Outfits wagt Nana einen weiteren Schritt, wie sich Conny erinnert:

> *Wir waren gerade fertig mit Impressionen draußen im Hof, es war kalt geworden. Den ganzen Tag über hatte ich immer wieder mal nachgefragt, ob Nana nicht doch einem Foto ohne Haare zustimmen könnte.*
> *Gerade als sie gehen wollte, rief ich: ›Nana, jetzt haben wir das Glatzenbild noch nicht gemacht!‹ Sofort kam zurück: ›Ok. Machen wir. Jetzt.‹ Geschminkt war sie ja noch. Also habe ich spontan meine Schaufensterpuppe geholt; zum einen, damit sie nicht allein dastehen musste, und zum anderen, weil Nana ja eindeutig hübscher war als die Puppe! Ich hatte das Gefühl, das hat ihr in dieser Situation auch Halt gegeben.«*

Nana sagt dazu im Interview vom September 2011:

Die Atmosphäre beim Shooting mit Conny Stein ist insgesamt sehr locker und freundschaftlich. Das Foto ohne Perücke bildet Nanas wachsendes Selbstbewusstsein beeindruckend ab.

» *Natürlich gefällt mir das Foto, weil es ein auffälliges Bild ist! Aber das Foto sieht hart aus. Man erkennt, dass ich eine Krankheit habe. Das Bild ist mit vielen negativen Erinnerungen aus dieser Zeit verbunden.«*

Nana neben der Schaufensterpuppe. Zwei kahle Köpfe.

Nanas Blick, nicht mehr fragend: »Sehe ich so aus?« Sondern klar und akzeptierend: »Ja, so ist es!« Kann eine kahle Puppe, die in Modegeschäften Kaufreize setzen soll, auch haarlos Schönheit ausstrahlen? Nana und die Puppe wirken auf dem Foto fast wie Figuren, zart, blass, geradezu wie aus Marmor. Antiken Statuen gleich.

Wird auch Nana bald kalt und starr sein? Nur noch als Abbild vorhanden? Nanas Porträt, festgehalten für die Ewigkeit. Lebendig – und doch todgeweiht.

Facebooking

Im Internet findet ein reger Austausch von Models und Fotografen statt. Man kommentiert, empfiehlt, recherchiert. Nana fällt auf unter all den anderen Frauen dort. Auch dem Fotografen Ron Maass:

» *Nana war am Anfang ein Mysterium für mich. Irgendwann stellte sie Fotos online, die ihre Mama gemacht hatte – die mit den coolen Stoppelhaaren. Kurzhaarige Frauen bekommen einen Charakterkopf, und Nana sah fantastisch aus. In mir wuchs schnell der Gedanke: Die muss ich fotografieren! Wir haben immer wieder mal gemailt, und im August 2011 habe ich sie dann ganz direkt gefragt, was ihr denn fehle. Da erst rückte sie raus mit der Sprache. Dass sie Krebs hat. Wobei ich es mir bereits gedacht hatte. Welches Mädchen rasiert sich schon eine Glatze? Die stehen ja eigentlich alle auf lange Haare.«*

Ron Maass, Fotograf:
»Wie nahe mir das Mädchen ging! Ich habe gerade mal drei Stunden mit Nana gearbeitet und ein paar Mails mit ihr gewechselt; das macht man doch mit vielen anderen Menschen auch! Man trifft sich und korrespondiert danach noch ein paarmal. Aber wer berührt einen in so kurzer Zeit schon so tief?«

Nana muss ihre geplante Zusammenarbeit mit den Fotografen immer wieder verschieben. Doch im September 2011 sprüht sie vor Energie. Obwohl sie parallel – teilweise am gleichen Tag – ambulant zur Chemotherapie geht, absolviert sie im Schnitt alle drei Tage einen Job vor der Kamera. In diesem Monat entstehen alle Shootings mit den Fotografen Frank Jagow, Michael Brik und Ron Maass, die unterschiedlicher nicht sein könnten.

Frank Jagow, der Nana und Barbara bereits bei einem Fotoworkshop im August kennengelernt hat, wählt als Location eine alte Werkstatt. Nana im karierten Hemd, Nana in schlichtem Schwarz, Nana im blauen Satinkleid, Nana zwischen Werkzeugen und verstaubten Motorhauben.

Ohne Perücke, mit ihrem raspelkurzen Haar. Eine stille, nachdenkliche Nana. Das findet auch Frank Jagow:

» Ich glaube, sie hatte eine Vorahnung, viel früher als alle anderen. Nana war tough und hat viel Lebenskraft ausgestrahlt. Dennoch: Die Fotokamera friert den Moment ein. Da erkennt man schnell, wenn die Person trauriger ist, als sie offensichtlich erscheint. Es gab zwar Momente, in denen auch ihre Augen mitgelacht haben, aber oft waren sie traurig. Sie hat sich das nie großartig anmerken lassen. Nana war höchst professionell.«

Nana auf Facebook (Mai 2011):
»Maybe I should change my name again: Nana Sixx > Nana Sick :D – Haha, I LIKE!«

Beim erneuten Fotoshooting mit Frank Jagow knappe drei Wochen später ist bei Nana von Melancholie nichts zu spüren. Voller Vorfreude plant sie den Tag mit Kostümen, Perücken, Requisiten. Unter dem Motto »Welcome to the Tea Party« nach »Alice im Wunderland« entstehen opulente, knallige, lustige Fotos. Barbara besorgt beim Konditor eine echte Torte; ein Grammofon und eine Schubkarre werden organisiert. Es ist eine ihrer lebendigsten Fotostrecken überhaupt. Und trotz der Anstrengung eines langen Shootingtages läuft alles sehr routiniert. Frank erinnert sich:

2.9.2011 (links). Schwarze Nana, rote Motorhaube. Barbara, die am Set assistiert hatte, bekam zu hören: »Mama, du hast da nicht richtig staubgewischt. Hast du das etwa nicht gesehen?!« 25.9.2011 (rechts). Eine von Nanas lebendigsten Fotostrecken. Als wolle sie allen zeigen: Ich habe Krebs. Seit Monaten bekämpfe ich ihn. Aber ich lebe. Ich habe Pläne. Ich lache den Krebs aus!

» *Nana war wahnsinnig gut drauf und sehr engagiert. Aufgrund ihrer*
Rückenproblematik waren schon allein die vielen Stunden im Sitzen beim
Fotografieren beschwerlich. Dazu dieses Riesenhaarteil, unter dem es entspre-
chend warm war und das auch immer wieder verrutscht ist.
Für das zweite Set mit der Grinsekatze, auch aus ›Alice im
Wunderland‹, hat allein das Make-up zweieinhalb Stunden
gedauert. Nana hat es klar durchgezogen, wo andere gejam-
mert hätten: Mir ist kalt, ich bin müde. Das hätte man von
ihr nie gehört.«

Michael Brik, Fotograf:
»Nana – die hatte eine Energie, die
war quirlig, so richtig gut drauf.«

Während Nana bei Frank Jagow mit großer Begeisterung in eine Rolle mit auf-
wendiger Verkleidung schlüpft, zeigt das Shooting bei Michael Brik Nana sexy,
stark, unbeugsam. Auf ihre Frage »Welche Perücke soll ich mitbringen?« hatte
Michael geantwortet: »Überhaupt keine. Sei so, wie du bist, ich möchte dich
fotografieren – und nicht irgendeine Maske. Selbstverständlich kannst du eine
mitbringen, wenn du willst. Meine Lieblingsfarbe ist blau.«

Barbara und Michael auf Facebook zum Foto links: »Wild child!«
»Yap ... die Kleine ist echt *bomb*!«
Nana zum Foto rechts: »Mama, da hast du mich echt plattgemacht!«

Das auffällige Porträt mit dem durchdringenden Blick und dem knalligen Haar wird lange Nanas Profilbild auf Facebook sein. Ein anderes Bild aus dieser Serie entsteht aus einer Spielerei heraus. Michael erzählt dazu:

》 *Barbarba und Nana hatten gemeinsam die Idee mit dem schwarzen Klebeband. Ich habe es herausgekramt, Barbara hat Nana damit eingewickelt, und wir sind nach draußen in eine Unterführung gegangen. Mal hat Barbara sie fotografiert, mal ich. Nana musste also für uns beide modeln. Die Zielsetzung war, möglichst coole, stylishe Fotos zu schießen. Es war übrigens zu keiner Sekunde auch nur ein Hauch von Erotik in der Luft – dafür war es viel zu lustig.«*

Auf den unbeteiligten Betrachter wirkt das allerdings anders. Daher gehört für manche das Foto mit dem schwarzen Tape zu den irritierendsten Nana-Porträts: Die junge Frau hat Krebs. Sieht man da sexy aus? Michaels Begeisterung für das

Model Nana beschränkt sich allerdings nicht nur auf ihre Wandlungsfähigkeit vor der Kamera:

> *Nana hat sich selbst geschminkt, und das in einer unglaublichen Perfektion. Ich muss sagen, das Make-up hätte nicht besser sein können; sie war eine absolute Naturbegabung. Wir haben uns anschließend über ihren Traum, Visagistin zu werden, unterhalten. Genauer: Wir haben lange, ausführlich und ernsthaft über Nanas Zukunft gesprochen, sogar konkret über die Möglichkeit, wie sie einen überwiegend stehend ausgeübten Beruf krankheitsbedingt auch im Sitzen durchführen könnte. Es war überhaupt kein Thema, dass da noch irgendetwas schieflaufen könnte.«*

Nana steckt voller Pläne, voller Tatendrang. Doch das ist nur die eine Seite ihres Innenlebens. Die andere wird sie fünf Tage danach in erschütternder Weise sichtbar werden lassen.

Das Sterbebild

Der Brauch des Totenzettels oder auch Sterbebildes ist eine überwiegend in katholischen Gegenden verbreitete Form des Gedenkens. Einst mit dem Konterfei eines Heiligen und den knappen biografischen Angaben der Verstorbenen versehen, hat sich mit der Fotografie auch die Abbildung des Toten durchgesetzt. Früher waren die Gesangsbücher voll von den bunten gefalteten Andenken. Heute liegen sie wohl eher zwischen Briefen, Fotos, Erinnerungsstücken und ermöglichen so auch nach Jahren einen kurzen Moment des Innehaltens.

Nanas Sterbebildchen waren auf ihrer Beerdigung schnell vergriffen. Jeder wollte diese Aufnahme mitnehmen, die

Ron Maass, Fotograf von Nanas späterem Sterbebild:
»Ich sehe Nana durch die Kamera – und plötzlich habe ich ihre ganze Krankheit im Blick. Als würde sie sich mir total öffnen.«

wie kaum eine andere so viel vorwegnimmt. Fotograf Ron Maass erlebt an deren Entstehungstag eine besondere Nana:

> *Ich war völlig baff, denn Nana hatte ich mir anders vorgestellt. Ich hatte erwartet, dass jemand, der so gegen den Krebs kämpft, ein starker Mensch sein müsste. Und dann sehe ich dieses Mädchen, die mit ihrer zarten Stimme und diesem zierlichen Körper überhaupt nicht zu meinem Bild passte.«*

Ron ist so überrascht, dass er zunächst gar keinen Zugang zu Nana findet. Er macht sich richtig Sorgen, hat Angst, das Shooting würde keine guten Bilder bringen. Von den Aufnahmen des ersten Sets hat er nicht mal eines bearbeitet. Doch dann, so Ron, wird es schlagartig anders:

> *Ich blickte durch das Objektiv und sah ihre Angst, das Leid, das sie ertragen musste. Und den nahen Tod. Ich bekam eine richtige Gänsehaut, die Haare stellten sich mir auf. Mir wurde es kalt ums Herz, als würde mich jemand mit einem eisigen Griff packen. Da wollte ich Nana eigentlich nicht mehr fotografieren, sondern in den Arm nehmen.«*

Ron ist schockiert. Natürlich hatte er vorab mit Nana besprochen, was für Vorstellungen er hat. Er wolle sie bei seinem Shooting pur, ohne »Schnickschnack«. Ob es an seiner Sensibilität lag, an der Schwingung, die zwischen beiden entstanden war?
Er jedenfalls hält eine Nana fest, die ihre Wahrheit kennt. Die weiß, was vor ihr liegt. Ron ist sich all dessen voll bewusst. Er kann kaum abdrücken. Und am liebsten möchte er Nana seine Fotos überhaupt nicht zeigen – lassen sie doch für Ron keinen Zweifel mehr zu.

> *Ich spürte das dringende Bedürfnis, ihr zu helfen. Aber keiner kann ihr helfen. Sie wird sterben.«*

Ohne nur einen Augenblick zu zögern, wird sich Nana vier Monate später auf
die Frage nach ihrem Sterbebild für Rons Foto entscheiden. Das Foto, das auch
Coverbild dieses Buches ist.

Für die Dankeskarte wählt die Familie ebenfalls ein Bild
von Ron aus: das Porträt einer schönen, aber unendlich
traurigen Nana. In der Schwarzweißbearbeitung, wie sie
Ron veröffentlicht und die auf Seite 162 abgebildet ist,
glaubt man sogar, Tränen in ihren Augen zu sehen.
Doch auch ihre Gesichtszüge wollen jetzt nichts mehr
verbergen. Sie blickt ihrem letzten Weg entgegen.

Ron Maass, Fotograf:

»Ich habe mehrfach geweint, als
ich Nanas Bilder bearbeitet habe.
Und auch in den Tagen nach Nanas
Tod konnte ich mir die Bilder
nicht ansehen, ohne zu weinen.«

Schöne Aussichten

Nanas Terminkalender platzt aus allen Nähten. Nach elf erholsamen Tagen Anfang August 2011 mit der ganzen Familie in Südtirol ist Nana voller Tatendrang. Sie verabredet Shootings, trifft sich mit Journalisten, eine TV-Produktion fragt für eine Dokumentation über schwerstkranke junge Menschen an. Diese Doku wird sie nicht mehr mitgestalten können, doch in einer Münchner Lokalzeitung erscheint eine ganze Seite über sie: »Kampflos wird Nana der Krankheit keinen Zentimeter überlassen.« Was sie sich wünscht? »Komplett gesund und ganz, ganz alt zu werden.« *

Auch in dem nach ihrem Tod auf youtube veröffentlichten Video, das im September entsteht, strahlt Nana unbändigen Optimismus aus. Schließlich, so erklärt Nana darin, habe sie jetzt »Arbeit«.

Statt den Tag rund um die notwendigen medizinischen Therapiemaßnahmen zu schlingen, entwirft Nana ihren eigenen Terminkalender. Mit langem Vorlauf plant sie Shootings und überlegt, welche Motive fotografiert werden sollen. Passender Schmuck, Accessoires, Schuhe werden zusammengestellt, noch Fehlendes im Internet zusammengesucht und bestellt. Sie skizziert, trägt in ihre Notizbücher ein, sucht zwischen den nächsten Behandlungsterminen freie Zeitfenster für die Fototermine – und wenn es nur einige Stunden am Nachmittag sind.

Kurz vor den Shootings probiert sie Outfits und Perücken aus. Entspricht alles genau ihren Vorstellungen? Sitzt alles so, wie es soll? Passen die Farben? Einmal, so erinnert sich Barbara, wurde für ein verrücktes Shooting im Wald nicht nur das T-Shirt zerrissen und neu geknotet – Nana

Eines der Fotos von Barbara aus der Serie »Damaged«. Nana »total irre« mit verwüsteter Puppe (April 2011).

* Mit freundlicher Genehmigung der Abendzeitung München

bemalte und verwüstete dafür auch eine ihrer alten Puppen. Zu gerne hätte sie sie auch noch angezündet, doch als Folge hoher Sicherheitsstandards für Spielzeug musste die Puppe unangekokelt auf die Fotos.

Mit viel Liebe zum Detail versenkt Nana sich in ihr kreatives Tun, kann darüber oft vieles vergessen und führt im Rahmen ihrer Möglichkeiten ein gestalterisches, selbstbestimmtes Leben. Über weite Strecken erlebt ihr Umfeld eine motivierte, glückliche, inspirierte Nana, deren Gedanken lieber um den nächsten Fototermin statt um einen

Der Link zum Video
»Remember Nana«
(entstanden im September 2011):
www.recoveryoursmile.org

kommenden Klinikaufenthalt kreisen. Auch ihre Mutter schöpft neue Hoffnung. Hat Nana doch eine Chance? Wenn nicht sie, wer dann? Barbara dazu:

> *Nana hat sich so gnadenlos in die Arbeit gestürzt, wollte auch mit mir so viele Fotos machen, dass ich natürlich glauben wollte, dies seien Anzeichen einer Erholung. Gleichzeitig hatte ich im Hinterkopf, Nana könne gerade ganz bewusst ihr ›Erbe‹ erschaffen. Als ich nach ihrem Tod gesehen habe, wie geordnet all ihre Sachen waren, wurde mir klar, dass sie seit Monaten immer wieder ausgemistet und aufgeräumt hatte. Kleider, Unterlagen, Fotos auf dem Rechner, alles war geregelt und strukturiert.*
>
> *An einem Abend im Sommer fragte Nana mich: ›Mama, glaubst du, ich werde wieder gesund?‹ Da ich meine Tochter niemals angelogen hätte, antwortete ich wahrheitsgemäß: ›Nana, ich weiß es nicht.‹ Nana wurde sehr still, erwiderte nichts. Erst ein paar Tage später wandte sie sich an mich mit der Bitte: ›Mama, wenn ich dich das nächste Mal frage, sag bitte, dass ich gesund werde. Ganz egal, was du in Wirklichkeit denkst.‹ Doch Nana hat mir die Frage nie wieder gestellt.«*

Recover your smile goes future

Einen großen emotionalen Schub erlebt Nana durch die enge Beziehung zu Sandra Kader von der Make-up-Schule Lilly meets Lola. Auf der offenen Krebskonferenz im Oktober 2011 in München stellen die beiden zusammen mit

Herbst 2011. Links: Tochter und Mutter nach der Chemotherapie-sitzung auf dem Münchner Oktoberfest. Rechts: »Recover your smile« stellt sich vor.

Barbara und Sandras Kollegin Rosi Nikolic ihr Projekt »Recover your smile« einer breiteren Öffentlichkeit vor, um Krebspatientinnen für die Idee neuentdeckter Schönheit zu begeistern. Sie knüpfen viele Kontakte an ihrem Infostand. Doch nicht nur deshalb wird es für Nana ein wichtiger Tag.

Überraschung!

Sandra hat für Nana etwas ganz Besonderes vorbereitet: Sie will ihr eine Ausbildung als Visagistin schenken, beginnen soll sie im Frühjahr 2012. Sandra ist von Nanas Qualifikation absolut überzeugt:

> *Ehrlich gesagt habe ich mich immer wieder gefragt, was wir ihr überhaupt beibringen sollen. Nana war so voller Fantasie. Bei vielen Schülern dauert es eine ganze Weile, bis man sie in Richtung Kreativität schubsen kann, sodass sie sich mal austoben. Nana hatte das von Natur aus. Man sieht es ja auch an ihren Fotos, bei denen das Make-up überwiegend von ihr selbst kam.«*

Schon länger überlegt Nana, wie sie ihre Traumausbildung finanzieren könnte; sie verfügt ja über keinerlei Einkommen. Dementsprechend überwältigt ist sie und sagt ihrer Mutter, das sei einer der schönsten Tage ihres Lebens.

Glamour forever

Die kalten und dunkleren Tage im Dezember 2011 nutzt Nana, um sich auf ihre geplante Ausbildung vorzubereiten. Sie macht es sich daheim auf dem Sofa bequem und malt stundenlang »Facecharts«.

Diese Vorlagen mit schematischen Gesichtern gehören zur Make-up-Ausbildung und sind von den Schülern möglichst kreativ zu gestalten. Nana versinkt völlig in dieser Arbeit und hört erst auf, wenn sie absolut zufrieden ist. Detailverliebt kreiert sie kunstvoll geschminkte Gesichter.

Sandra, die diese Facecharts nach Nanas Tod erhalten wird, trägt schon bei der Übergabe eine Idee in sich. Wenige Wochen später trommelt sie fünf Freundinnen zusammen, darunter »Nase« und Sabrina, die Lebensgefährtin von Nanas Bruder Michael. Auch Nanas Verlobter Chris ist eingeweiht.

An einem Sonntag im Februar 2012 werden sie alle nach Nanas Facecharts geschminkt. Barbara und Axel ahnen nichts davon. Chris hat sogar Nanas Utensilien aus dem Haus geschmuggelt, damit nach ihren Vorlagen geschminkt werden kann. Alle Models werden fotografiert, die Bilder auf große Leinwände gezogen.

Überraschung die Zweite!

Ein paar Tage später lädt Sandra Barbara unter einem Vorwand zu sich in die Make-up-Schule ein. Sie schleust Barbara vorbei an den anderen, die sich versteckt halten. Schließlich führt Sandra Barbara in den Raum, wo alle sie erwarten und auf den Schminktischen große Fotos der Freundinnen mit Nanas Make-up auf den Gesichtern aufgestellt sind. Es ist der 7. März 2012, knapp zwei Monate nach Nanas Tod. Ein Tag, an dem Barbara viel weinen wird. Es sind auch Tränen der Freude.

Nanas beste Freundin »Nase« mit ihrem Nana-Make-up.

Meta-morphosen.
Todkomisch.
Todernst

Marmorkind

Wie viel kann der Mensch ertragen? Was können wir alles durchstehen? Wie oft lähmt uns allein die Angst vor dem Ungewissen? Nach Nanas Tod veränderte sich diesbezüglich für Barbara und Axel, dass die bis dato omnipräsente Angst vor der nächsten gesundheitlichen Verschlechterung verschwunden war. Das denkbar Schlimmste war eingetreten. 15 Monate lang beherrschte die unterschwellige Sorge vor einer weiteren Zuspitzung permanent das Denken der Familie. Was ist, wenn Nana stirbt? Wie sollen wir das nur aushalten? Barbara ist selbst überrascht, wie man sich mit den Umständen arrangieren kann. Wie man lernt, vorher Unvorstellbares anzunehmen und es sogar zu gestalten. Noch im Herbst 2011 löste der Gedanke an eine tote Nana pure Panik aus. Dass ihre Tochter in Barbaras Bett zu Hause sterben würde und dass dieser harmonische Abschied von allen mit voller Hingabe aktiv gestaltet werden würde, konnte

September 2011: Nana und Sabrina, die Freundin ihres Bruders Michael. Diese Fotoserie von Barbara entstand für Michaels Geburtstag.

und wollte sich zu dem Zeitpunkt niemand vorstellen. Auch nicht, dass Nana nach ihrem Tod am 10. Januar noch eineinhalb Tage bei ihrer Familie bleiben würde. Barbara und die Lebensgefährtin von Nanas Bruder, Sabrina, übernehmen das Waschen und Ankleiden des Leichnams. Natürlich hatte man Sabrina zuvor gefragt, ob sie sich mit ihren 23 Jahren dazu überhaupt in der Lage sieht. Doch Sabrina reagiert ganz entschieden:

Ich habe es gerne für Nana gemacht. Sicher wäre es ihr ganz wichtig gewesen, dass sie von zwei Frauen gewaschen und bekleidet wird. Im Krankenhaus war ihr dieses Ausgeliefertsein vor männlichen Ärzten und Pflegern immer unangenehm. Nana herzurichten war mir wichtig, gerade weil ihr das Schönsein so wichtig war. In ihren letzten Stunden hat sie sich ja noch darüber beschwert, dass sie nur so ein Gammel-T-Shirt anhat!«

Sabrina ist die Begegnung mit dem Tod nicht fremd. Wenige Monate zuvor starb der Vater eines Freundes an Krebs, und hier, so Sabrina, habe sie ihre frühere Angst vor toten Menschen verloren. Erleichtert sei sie gewesen, wie friedlich der Tote aussah. Genau das empfindet sie nun wieder bei Nana: »Da ist nichts, wovor man Angst haben muss, es sich anzusehen oder anzufassen.« Eine nicht gerade alltägliche Haltung in unserer heutigen Gesellschaft, die seit Langem versucht, das Sterben auszublenden.

Den Tod be-greifen

Erlebten es frühere Generationen als normalen Prozess, wie ihre Eltern, Großeltern, Onkel, Tanten und Geschwister im Haus, in der Nachbarschaft, im Dorf starben, so hat sich dies über die letzten Jahrzehnte in offizielle Einrichtungen verlagert. Sterben daheim gehört nicht mehr zum Erfahrungsschatz unserer Generation. Gründe dafür gibt es viele. Allein durch die meist radikal veränderten Familienstrukturen sind andere Lösungen als Klinik, Pflegeheim, Hospiz oder Palliativstation oft überhaupt nicht realisierbar. Wer kann es sich zeitlich leisten, einen sterbenden Angehörigen über unbestimmte Zeit hinweg zu Hause zu pflegen? Ohne unterstützende Großfamilienstruktur im Rücken?

Wen wundert es, dass unsere Gesellschaft solche Ängste vor dem Umgang mit Toten entwickelte, dass uns diesbezüglich Schreckensvorstellungen plagen? Erscheint uns die Vorstellung des Unbekannten doch oft furchtbarer als die Realität selbst. Mit dem Wegschließen des Sterbens und der Toten verlieren wir aber auch elementare Sterberituale, die im Prozess des Trauerns und Loslassens eine wichtige Rolle spielen. Auch für Barbara:

>> *Uns allen hat es so gut getan, dass Nana nach ihrem Tod noch so lange bei uns bleiben konnte. Es war eine entscheidende Phase des Verabschiedens. Allein den Tod mit seinen eigenen Händen im wahrsten Sinne des Wortes zu begreifen: wie Nana allmählich kalt wurde, alle Weichheit verlor, bis sie schließlich aussah und sich anfühlte wie Marmor. Ich habe immer wieder gerne ihre Hand*

Info: Aufbahrung

Die Aufbahrung zu Hause, noch vor 100 Jahren normal, ist heute weitestgehend verschwunden. Wenn sich heute wieder Angehörige dafür entscheiden, geschieht das auch aufgrund einer Gesetzesänderung. Denn jahrelang war es untersagt, Tote daheimzuhalten. Erst seit 2007 ist es beispielsweise dank einer neuen »Leichenordnung« in München erlaubt, die private Aufbahrung zu praktizieren. Inzwischen können in den meisten Bundesländern die Verstorbenen bis zu 36 Stunden zu Hause aufgebahrt werden. Man erkundigt sich am besten vor Ort nach der jeweiligen Regelung.

In den ersten 24 Stunden dürfen Tote dort, wo sie verstorben sind, verbleiben. Danach muss ein Bestatter eine sogenannte Einsargung vornehmen, damit die Familie weitere 48 Stunden zum Abschiednehmen hat. Die dreitägige Aufbahrung zu Hause kann immer vorgenommen werden, selbst wenn jemand im Krankenhaus oder Pflegeheim gestorben ist. Ein jahrhundertealter Bestattungsbrauch – für einige Jahrzehnte per Gesetz verboten – ist durch eine entsprechende Modifikation wieder autorisiert.

gehalten, solange noch etwas Wärme in ihr war. Und als sie dann kalt war und damit ganz Leichnam und überhaupt nicht mehr Nana, konnten wir ihre Hülle gehen lassen. Es war für uns alle bereichernd und wichtig, dass Nana bis zu diesem Punkt bei uns bleiben konnte.«

Familie und Freunde nutzen die Zeit zum Verabschieden. Immer wieder sitzt jemand neben Nana, berührt ihren toten Körper, spricht zu ihr. Dies so intensiv erleben zu können, liegt auch am Bestattungsinstitut AETAS*. Hier lautet die erste Frage ganz bewusst: »Wie lange möchten Sie Ihre Angehörige noch bei sich behalten?« Und nicht: »Wie schnell sollen wir sie abholen?«

Unternehmensgründer Florian Rauch und seine Geschäftspartnerin Nicole Rinder erkennen schon seit Jahren ein gesellschaftliches Trauerdefizit und begreifen es auch als ihre Aufgabe, dies behutsam zu beheben. Denn laut Florian Rauch gibt es hier enormen Nachholbedarf:

Nicole Rinder, AETAS Lebens- und Trauerkultur München (Nanas Bestattungsinstitut):
»Wie oft hören wir die Frage: Einen Toten berühren? Darf ich das denn wirklich?«

>> *Nanas Familie ist sicher nicht repräsentativ in ihrer Aufgeschlossenheit. Die meisten Angehörigen sind eher verängstigt. Wir erleben es sogar, dass Familien es gänzlich ablehnen, den Verstorbenen überhaupt noch mal zu sehen. Den Satz: ›Ich möchte denjenigen lebend in Erinnerung behalten!‹ hören wir regelmäßig. Worauf wir entgegnen müssen: ›Einen Lebenden kann man nicht beerdigen. Nur einen Toten.‹«*

Bei AETAS ist man davon überzeugt, dass es gilt, diese Ängste zu überwinden und sich darauf einzulassen, den Tod mit allen Sinnen zu begreifen. Ihn zu sehen, zu fühlen und zu riechen. Die AETAS-Trauerbegleiter erleben zwei unterschiedliche Typen im Umgang mit dem Tod. Die einen, die sofort zu dem Toten hingehen und ihn dann meist auch gleich berühren. Und die anderen, die an der Tür stehen bleiben und stark verunsichert sind, so Nicole Rinder:

* Siehe dazu auch: »Das letzte Fest« von Nicole Rinder und Florian Rauch, ebenfalls bei Irisiana erschienen

» Oft hören wir den Ausruf: ›Das ist er ja gar nicht!‹ Wir erkundigen uns dann vorsichtig, was denn anders sei. Manchmal können es die Angehörigen nicht anders benennen als ›Er sieht so anders aus.‹ Wir erklären dann sehr viel und führen die Angehörigen an den Sarg. Meist geht die Initiative des Anfassens von uns aus, wir machen es richtiggehend vor: ›Sehen Sie, Sie können ihn berühren.‹ Für mich ist es immer schlimm, wenn eine Mutter vor ihrem toten Baby steht und fragt: ›Ich darf es wohl nicht mehr auf den Arm nehmen?‹ Natürlich ist das gestattet, man darf es küssen und streicheln! Und in diesem Moment passiert immer etwas ganz Besonderes.«

Florian Rauch, AETAS Lebens-
und Trauerkultur München:
»Für den Abschied besteht nur ein begrenztes Zeitfenster, und das sollte man nutzen. Zwei Monate später ist das einfach zu. Auch wenn man dann sagt: Jetzt wäre ich dazu bereit.«

Florian Rauch ist überzeugt – wenn dieses letzte Stück fehlt, kann der ganze Trauerprozess in Schieflage geraten:

» Öffnen sich die Angehörigen und gehen mit uns die Begleitung in all den Schritten gemeinsam, ist die Rückmeldung immer positiv. Die größten Skeptiker, die salopp formuliert ›die Hosen gestrichen voll hatten‹, sind richtiggehend dankbar.«

AETAS forciert im Rahmen der von ihnen ausgerichteten Verabschiedungen daher eine aktive Mithilfe durch die Angehörigen. Das kann das Ankleiden des Leichnams sein, das Bemalen des Sarges oder die Gestaltung der Sterbebilder. Wichtig ist ihnen eine Beteiligung an den letzten Tätigkeiten, die man für einen Toten ausführen kann und die als klassische Trauerrituale heute fast schon in Vergessenheit geraten sind.

Pimp me up

Nana wird bereits im Haus ihrer Eltern für ihre letzte Reise vorbereitet. Chris und Barbara wählen lauter Lieblingsstücke aus: Nana trägt den Brokatmantel, den ihr Chris zu Weihnachten geschenkt hat, darunter ein pinkfarbenes

T-Shirt, schwarze Leggings mit Glitzerapplikationen, ihre geliebten pink-schwarzen Chucks und einige Schmuckstücke, die ihr sehr am Herzen lagen.

Obwohl Nana in ihren letzten Wochen wieder fast all ihre Haare verloren hat, beschließt die Familie dennoch, ihr keine Perücke aufzusetzen. Im Sarg soll die pure Nana liegen und nicht eine verkleidete. Jetzt stellt sich noch die Frage nach dem Make-up. Nana, die niemals das Haus verließ, ohne wenigstens ihr »Oma-Make-up« in Form von Lippenstift aufzulegen, brauchte auf jeden Fall ein Styling. Barbara denkt sofort an Sandra Kader von der Make-up-Schule Lilly meets Lola, ist sich jedoch gleichzeitig unsicher, ob Sandra diese Frage nicht als Belastung und Belästigung empfindet. Sandra zögert zwar kurz, macht sich dann aber sofort auf den Weg zu Familie Stäcker:

> *Mein erster Gedanke war: ›Oh, Gott nein! Das kann ich nicht.‹ Und der zweite: ›Natürlich schminke ich sie! Schließlich muss Nana gestylt und aufgepimpt in den Himmel einziehen.‹«*

13.12.2011: Das letzte gemeinsame Shooting von Barbara und Nana trägt den Titel »Imaginaerum«.

Dennoch geht Sandra damit an ihre Grenzen. Schließlich hat sie noch nie zuvor eine Tote geschminkt. Allein mit Nana im Zimmer, fehlt ihr das sonst übliche witzige Zusammenspiel mit ihr, das Herumalbern. Auch jetzt spürt sie Nanas Anwesenheit, bis hin zu dem Gefühl, Nana lenke die Farbauswahl. Sandra führt einen richtiggehenden Dialog mit ihr: »Nana? Soll ich echt das krasse Glitzerpink nehmen?« »Ja.« »Wirklich die Lippen so aufpeppen?« »Klar, mach's!« Nach und nach verliert sie ihre Scheu und empfindet es schließlich sogar als Ehre, die tote Nana zu schminken. Später sagt Sandra, dass es sie stärker gemacht habe. Und stolz: »Ich muss zugeben, Nana sah verdammt gut aus!«

Sandra wird sich danach längere Zeit selbst nicht mehr schminken. Es kommt ihr so unbedeutend vor, so banal nach diesem letzten gemeinsamen Ritual mit Nana. Bei dem sie ihre »Kleine«, wie sie Nana nannte, mit all ihren Make-up-Künsten für deren letzten Weg gerüstet hat, an dem Sandra selbst so gewachsen ist.

Grenzgänger

Die Begegnung mit dem Tod verläuft für Nanas Umfeld nicht spurlos. Ihn derart hautnah zu erleben, ist einschneidend und bringt neue Sichtweisen zutage. Nanas beste Freundin »Nase«:

» Wir haben uns alle so krass verändert. Allerdings nicht schon während der Krankheit, sondern erst mit ihrem Tod. Meine Prioritäten haben sich verschoben. Wenn ich heute im Job mit der Arbeit nicht ganz fertig werde, dann schaffe ich es eben nicht! Jetzt denke ich, jeder Tag könnte der letzte sein, also genieße ihn! Den Sonnenschein, ein schönes Lied im Radio, ein gutes Meeting in der Arbeit. Ich versuche, alles positiver zu sehen.«

Nana, die fest davon überzeugt war, all ihre Lieben nach deren Tod wiederzusehen, hat bei Sandra Kader deutliche Spuren hinterlassen: »Ich weiß, die Nana ist da und wartet. Was soll am Tod dann noch schlimm sein?«

Nicht nur Nanas direktes Umfeld, das sie begleitet hat, erlebt einen Wandel im Denken. Auch Menschen, die Nana nur für wenige Stunden persönlich getroffen haben, profitieren von der Begegnung mit ihr – beispielsweise der Fotograf Ron Maass:

» Nana hinterlässt an uns alle die Aufforderung, bewusst jeden Augenblick zu leben. Sie hat es wirklich geschafft, mit ihrem Kopf nur bei der Sache zu sein, die sie in dem Moment gemacht hat, und hat sich von nichts ablenken lassen. Da kann man nur sagen: Macht es genauso! Lebt euer Leben bewusst und denkt nicht an Dinge, die ihr nicht ändern könnt!«

Warum Nana diese Haltung so extrem entwickeln konnte, liegt für ihren Vater Axel auf der Hand:

>> *Fragen nach ›Was mache ich in drei, vier Jahren?‹ konnte sich Nana gar nicht stellen – diesen Zeithorizont hatte sie ja nicht mehr. Das wusste sie sicherlich auch.«*

Alle in der Familie Stäcker nehmen die Gewissheit mit, dass nichts im Leben planbar ist. Dazu komme auch der Verlust der Unbekümmertheit, so Nanas Vater Axel. Dennoch habe sich für ihn nicht das gesamte Wertegefüge verschoben:

Ron Maass, Fotograf:
»In meiner Familie gab es einige Krebsfälle. Hier erlebte ich im Umgang, wie sich alles der Krankheit unterordnen musste. Bei Nana war es genau andersherum: Die Krankheit hatte sich dem Leben unterzuordnen.«

>> *Man könnte sich hinstellen und sagen, das ist das Schlimmste, was einem passieren kann, daran lässt sich nichts messen. Folglich könnte einem alles, was danach kommt, egal sein. Das kann ich nicht für mich behaupten. Dennoch betrachte ich vieles als nicht mehr so relevant.«*

Für Chris, Nanas Verlobten, spielt die Zukunft in seinen Gedanken heute keine große Rolle:

>> *Der Tellerrand ist ganz nah, und darüber hinaus mag ich gar nicht schauen. Ich will mich nicht damit beschäftigen, ob ich irgendwann wieder eine Freundin habe. Was generell mit mir passiert, wo ich hinziehe. Ich kann ja planen, wie ich will – ob es Bestand hat, kann mir keiner garantieren. Vor Nanas Krankheit habe ich natürlich nicht so gedacht. Aber wenn du ein Konzert entdeckst und fragst: ›Hey, wollen wir da hingehen?‹ und die Antwort lautet: ›Ich weiß doch gar nicht, ob ich da überhaupt noch lebe!‹, dann gewöhnst du dir diese Sichtweise einfach an.«*

Todesangst? Gestorben!

Die Auseinandersetzung mit dem Tod verändert. Kann sie Ängste abbauen? Kann man dem Tod allein durch die Beschäftigung mit ihm den Schrecken nehmen? Menschen, die täglich professionell mit dem Sterben konfrontiert sind, machen interessante Erfahrungen. Wie etwa Dr. Dr. Berend Feddersen*, der Nana als Palliativmediziner begleitete:

Dr. Berend Feddersen:

»Vor dem eigentlichen Ende scheinen viele keine Angst zu haben. Und das, obwohl wir doch gar nichts darüber wissen!«

» *Sterbende Patienten artikulieren meist gar keine Angst vor dem Tod, sondern eher vor dem Weg dorthin. Für mich ist das faszinierend – ich würde mir über den Weg gar nicht so viele Gedanken machen, weil ich weiß: Es gibt eine Reihe von Optionen, um die Beschwerden bei Bedarf nachhaltig zu lindern.«*

Für Schwester Conny, die Nana als Mitglied des Palliativteams begleitete, ist völlig klar:

» *Ich habe keine Angst vor dem Sterben. Im Gegenteil, ich stelle mir vor, wen ich so wiedertreffe. Da ist meine Oma, bei der ich aufgewachsen bin, auf die ich mich wahnsinnig freue. Wahrscheinlich ist das der Grund, warum wir die palliativen Patienten so gut betreuen können: Wir haben uns mit dem Tod auseinandergesetzt und Ängste verloren.«*

Rückzieher vor Sterben und Tod

Nicht alle können oder wollen das Thema tödliche Krankheit an sich heranlassen. Nana und Familie müssen erfahren, dass Freundschaften bröckeln, sich gute Freunde zurückziehen – sowohl während Nanas Krankheit als auch nach ihrem Tod. Serap Tari von lebensmut e. V. ist dieses Phänomen vertraut. Sie hört in vielen Gesprächen mit Krebspatienten, dass sich in deren Umfeld sozusagen die Spreu vom Weizen trennt:

* Privatdozent Dr. Dr. med. Berend Feddersen ist Facharzt für Neurologie und Palliativmedizin.

> *Der Freundes- wie auch der Bekanntenkreis erfährt eine extreme Verwirbelung. Menschen, die einem vor der Diagnose ganz nahe waren, ziehen sich immer weiter zurück. Und umgekehrt können weit entfernte Bekannte plötzlich richtig nahe heranrücken und sich zu den besten Begleitern entwickeln. Es kommen Freunde und es gehen Freunde. Das ist eine ganz normale Situation.«*

Die Ursache, so die Psycho-Onkologin, liegt oft in der eigenen Unsicherheit. Nicht zu wissen, wie man mit Todkranken umgehen soll. Wie redet man nur mit der betroffenen Person? Das ist natürlich auch verknüpft mit der eigenen Befangenheit, der Scheu vor der Konfrontation mit dem Thema Sterben, Krankheit und Tod. Mancher fühlt sich völlig überfordert, weil er glaubt, Unterstützung anbieten zu müssen, ohne dazu in der Lage zu sein. Und, so Serap: »Es gibt immer noch Menschen, die glauben, Krebs sei ansteckend, die konkret Angst davor haben, selbst zu erkranken.«

Humor und Tumor

»Nase« ist Nanas älteste und beste Freundin, schon aus der Grundschulzeit. Sie weiß am 21.10.2010, dass Nana bei einer wichtigen Untersuchung ist, und erfährt deren schockierendes Ergebnis am gleichen Tag per SMS.

»Nase«, die eigentlich Natalie heißt, trägt ihren Spitznamen seit der zweiten Klasse, ausgedacht von Nana. Da Nase mit Nachnamen Vasic heißt, favorisierte Nana zunächst »Vase«, entschied sich dann doch für »Nase«. Der Name setzte sich schnell durch, die Lehrer damals übernahmen ihn, der gesamte Freundeskreis, und heute nennt sie sogar ihr Chef so.

Als Nase die SMS mit der Krebsdiagnose liest, möchte sie Nana umgehend sehen, doch ihre Freundin braucht etwas Zeit. Besuche sind in den ersten

SMS von Nana an ihre beste Freundin »Nase« (21.10.2010):

»Hej meine Maus, wollt dir nur Bescheid sagen, dass es sein kann, dass ich mich die nächste Zeit nicht melde. Ich hab heute erfahren, dass ich Krebs habe. Komme gar nicht drauf klar. Ich melde mich.«

Wochen nur dem engsten Familienkreis erlaubt. Zu schlecht fühlt sich Nana, als dass sie sich so zeigen möchte.

Als endlich das erste Treffen ansteht, ist Nase entsprechend aufgewühlt. Ihre Mutter, die im Klinikum Großhadern arbeitet, berichtet immer wieder, wie schlimm es um Nana steht. Nase ist ratlos:

» *Ich konnte mir das alles gar nicht vorstellen und hatte keine Ahnung, wie ich damit umgehen sollte. Ich wusste ja, wie Nana war! Mitleid wäre das Letzte gewesen, was sie hätte haben wollen. Irgendwas musste ich mir überlegen, um nicht zu heulen. Wenn Nana weinen würde, wäre das natürlich was anderes, aber ich durfte es auf keinen Fall! Beim Hinfahren im Auto habe ich nachgedacht, im Aufzug immer noch. Mir ist einfach nichts eingefallen!*

Als ich die Tür aufmache und sie da liegen sehe, sie schaut so, ich merke, dass sie sich richtig freut, mich zu sehen – da sage ich ganz spontan: ›Ja, Frau Stäcker, guten Tag, Sie haben Krebs! Na, überrascht?‹ Genauso näselnd und nuschelnd wie Helge Schneider in seinem Film ›Praxis Dr. Hasenbein‹. Und sie hat es so dermaßen zerrissen vor Lachen, dass sie fast aus dem Bett gepurzelt wäre.

Wir haben uns umarmt, und Nana meinte: ›Genau das hat mir die letzten Wochen gefehlt, genau das habe ich jetzt gebraucht. Jemanden, der es endlich ausspricht. Der es dann auch noch so bescheuert sagt wie du und sich mit mir darüber lustig macht.‹ Von da an haben wir beide so ziemlich ständig Witze über den Krebs gerissen.«

Olga, Nanas Freundin und Barbaras Kollegin:
»Manchmal saßen wir in dem Café in der ›wunderschönen‹ langen Patientenstraße, haben gelacht und unsere Witzchen über andere gemacht. Vielleicht mag es makaber sein, aber wir hatten dabei richtig viel Spaß.«

Guten Tag, Sie haben Krebs! Na, überrascht?

Dieses Helge-Schneider-Zitat etabliert sich als fixe Begrüßungsformel zwischen den beiden Freundinnen. Wann immer Nase Nana besucht – egal, ob in der Klinik oder bei Stäckers zu Hause –, es kommt einfach automatisch.

Todeslustig. Bis in den Tod

Humor. Rabenschwarzer Humor. Böse, frech, abgründig. Ein elementares
Ventil für Nana, aber auch für ihre Familie. Nana entwickelt ihren Galgen-
humor zwar nicht erst mit der Krankheit, aber sie kultiviert ihn. Bis zum
Schluss. Eine beliebte Reaktion, wenn man sie um einen Gefallen bittet:

> *Was? Ich soll dir ein Glas Wasser bringen?! Geht ja gar nicht. Ich hab
> doch Krebs!«*

Nach der Ausstellung ihres Schwerbehindertenausweises mit Merkzeichen G
(Einschränkung des Gehvermögens) hat Nana ein neues Objekt der Belustigung
gefunden. Sie ist absolut begeistert:

> *Leute mit nur einem Bein kriegen 50 Prozent,
> und ich hab volle 100 Prozent! Sogar mit Merk-
> zeichen G! Da kann ich in der Bahn auf dem Behinderten-
> sitzplatz mit anderen Betroffenen ›Schwerbehinderten-
> ausweis-Quartett‹ spielen! Wer von uns die höchste Zahl hat,
> gewinnt!«*

Shooting bei Frank Jagow
(17.12.2011). Diesmal Nanas Part:
Lichtdouble für ein anderes Model.
Frank stellt daraus diese Nana-
makes-faces-Serie zusammen.

WHAT the HELL   DOES THIS PHOTOGRAPHER WANT   ....MOMMY!

Nana via Facebook an Nase (19.11.2011):
»Ui ui ui, habe es voll verplant, dir zu schreiben, weil ich ja sooo beschäftigt bin mit Krebshaben … sorry!«

Und als im November 2011 ein Brief mit der Nachricht zur Insolvenz von Nanas gesetzlicher Krankenkasse eintrifft, ist ihr erster Kommentar:

>> *Kein Wunder, dass die pleite sind. Denen hab ich mit meiner teuren Behandlung eben den Rest gegeben!«*

Den schrägen Blick auf dramatische Situationen zu behalten, verschafft Nana heitere Verschnaufpausen und bietet zugleich die Chance, auf humoristischer Ebene über ernste Themen ins Gespräch zu kommen. Auch mit Nase:

>> *Manchmal sind wir aufs Sterben gekommen, und Nana hat sich ihre Beerdigung ausgemalt. Sie wünschte sich eine geile Metalband, die eine richtige Party schmeißt. Alle sollten in Schwarz kommen, mit langen Haaren, wenn nötig mit Perücke, damit man ordentlich headbangen kann. Und geschminkt wie in einem Splatterfilm, voller Kunstblut. Jedes Mal, wenn wir über das Sterben geredet haben, war es anfangs noch ernst, ist aber dann mutiert.«*

Sich Dinge ausmalen. Nana Lieblingsbeschäftigung, um Zeit zu überbrücken. Im tristen Krankenhausambiente stellt sie sich farbliche Veränderungen vor: etwa einen Infusionsständer in ihrer Lieblingsfarbe Pink, übersät mit Glitzersteinchen und saisongemäß geschmückt. An Ostern könnten dort ein paar bunte Eier neben dem Infusionsbeutel baumeln.

Olga, eine Arbeitskollegin von Barbara, die Nana oft in Großhadern besucht, ist von Nanas Leichtigkeit bisweilen richtiggehend überwältigt. Denn Olga fühlt sich Nana gegenüber in einer emotionalen Zwickmühle:

> *Das letzte Jahr mit Nana war für mich das reinste Gefühlschaos. Ich war zu dem Zeitpunkt schwanger. In meinem Bauch entstand neues Leben, und Nana war so schwer krank! Durch die Gespräche am Arbeitsplatz wusste ich um die Schwere ihrer Krebserkrankung. Einerseits fühlte es sich für mich irgendwie falsch an, mich auf das Baby zu freuen. Auf der anderen Seite – wenn ich Nana sah, wie stark und tapfer sie war, erschien es mir wieder ok.«*

Hallo, neues Leben!

Nana hat Olga gegenüber keinerlei bitteren Gefühle. Im Gegenteil, sie rechnet gemeinsam mit ihr aus, wann Geburt und Chemotherapie zusammentreffen müssten, um zeitgleich im Krankenhaus sein zu können. Und tatsächlich kommt es exakt so. Also feuert Nana am Tag der Geburt vom oberen Stockwerk aus die unten in der Entbindungsstation liegende Olga per SMS an: »Drück, drück, du machst das schon, Olga!« Als das Mädchen auf der Welt ist, kommt Nana gleich vorbei. Olga erzählt:

> *Nana war die Erste, die uns besuchte – wie sehr freute sie sich über meine Valentina! Und was war sie stolz, dass sie mit ihrem Flaum entschieden mehr Haare hatte als die Kleine!«*

Albern, bis der Arzt kommt

Besonderen Spaß hat Nana an Spitznamen, auch für ihre Ärzte. Einer heißt bald »Dr. Angst« – er musste sehr schmerzhafte Untersuchungen vornehmen. Andere nennt sie »Gollum«, »Professor Brinkmann« und »Opossum Heidi«. Bei großem Schmerzmittelbedarf sucht sie nicht ihren Arzt auf, sondern ihren »Dealer«.

Nanas Fotokommentar auf Facebook (19.11.2011):
»Haha, ja, es ist ein Lolly, aber so ein schleimiger Speichelfaden wäre irgendwie auch geil XD. Nächstes Mal rotz ich ein bisschen rum …«

Oft entsteht Situationskomik. Nanas Bruder Michael erzählt:

> *Wenn ein makabrer Witz in der Luft und jedem im Raum der entsprechende Spruch auf der Zunge lag, sich aber keiner traute, ihn zu sagen, dann – hat Nana ihn gebracht.«*

Nanas Faible für Schrägheit spiegelt sich auch in ihren Bildern. Schon als Kind liebte sie es, Grimassen zu schneiden, speziell wenn ein Fotoapparat in ihrer Nähe war. Daran hat sich nichts geändert: An einem Tag im September 2011, mitten in einer Chemotherapiewoche. Nana ist zu schwach für ein Shooting außer Haus. Mutter und Tochter bauen kurzerhand im Wohnzimmer ein Set auf und knipsen verrückte Grimassen. Für Barbara ist das typisch Nana:

Ein glatzköpfiger Griesgram in der Glotze. Fragt Axel: »Warum hat der denn so schlechte Laune?« Ruft Nana: »Na, ist doch klar! Der hat Krebs!«

> *Immer hat sie Fratzen geschnitten! Es konnte ihr noch so schlecht gehen, sie lag im Krankenbett oder auf dem Sofa – plötzlich macht Nana ein blödes Gesicht, und alle lachen.«*

Auch nach ihrem Tod bringen all die Anekdoten, die kleinen lustigen Erinnerungsstücke ihre Familie zum Schmunzeln. Selbst in der Trauer sorgen absurde und kuriose Umstände oft für entsprechende Lacher. Für Barbara ist das vollkommen normal:

> *Wir haben viel gelacht. Während der Krankheit, in der Woche, als Nana zum Sterben nach Hause kam – und sogar in ihrer letzten Nacht. Für mich hatte das immer auch etwas Befreiendes. Oft entsteht Komik erst dadurch, dass vorher Dinge beim Namen genannt wurden. Es kann also auch heilsam sein, zusammen zu lachen, genauso wie zusammen zu weinen. Das liegt ja bekanntlich ganz nahe beieinander.«*

Warum (nicht) ich?

Manche Menschen, die mit derart radikalen Umwälzungen in ihrem Leben konfrontiert sind, reagieren auf diese gravierende Veränderung von außen mit großer Verbitterung. Bei Nana konnte man Derartiges nicht im Geringsten feststellen. Sie hat nie gehadert.

Dabei ist es wohl normal, dass irgendwann im Verlauf einer schweren Erkrankung die Frage »Wieso trifft es eigentlich mich?« auftaucht.

In Nanas Fall könnte die Frage konkret lauten: Wieso erkrankt diese ansonsten kerngesunde junge Frau an Krebs? Sie ist doch Nichtraucherin bis auf wenige Ausnahmen, mäßige Alkoholkonsumentin, hat kein Übergewicht, ist gesund ernährt und frisch verliebt, gilt als ausgeglichen und fröhlich?

Weder Lebenswandel oder Risikofaktoren noch religiös motivierte Bestrafungstheorien hätten passende Antworten zu bieten.

Elli via Facebook an ihre Freundin Nana, vier Monate nach deren Tod:
»Nana, ich vermiss dich so ... ich wünschte, du könntest mir mit deinen lustigen Sprüchen Mut für die restlichen Prüfungen machen. Die könnte ich gerade echt brauchen!«

Sterblichkeit. In Ewigkeit. Amen?

Selbst in unserer aufgeklärten Gesellschaft machen wir bei der Ursachen-forschung für eine tödliche Krankheit gerne eine übergeordnete Instanz verantwortlich, halten Ausschau nach dem Wink des Himmels oder einer Vorbestimmung. Wir erfragen nicht nur das »Warum«, wir erwarten auch eine nachvollziehbare Erklärung – ist es »was Genetisches«? Habe ich »etwas falsch gemacht«? Oder sind wenigstens andere schuld?

Da uns vorgegaukelt wird, jegliche gesundheitliche Schwierigkeit sei heil- oder zumindest beherrschbar, erwarten wir auch automatisch ein Gegenmittel.

Florian Rauch, AETAS Lebens- und Trauerkultur München (Nanas Bestattungsinstitut):
»Man kann sich auf den Tod vorberei-ten, wie man will. Wenn jemand stirbt, nützt keine Vorbereitung etwas. Wie man darauf reagiert, kann man nicht trainieren.«

Dabei ist es noch nicht so lange her, da waren wir schutzlos vielen Krankheiten ausgeliefert, die heute vergleichsweise harmlos sind. Noch vor 100 Jahren wäre ein Großteil unserere Erstklässler nie eingeschult worden. Scharlach, Keuchhusten, Masern wüteten in den Familien. Eine kleine Verletzung, mit etwas Erde verunreinigt, führte oft zum qualvollen Tod durch Wundstarrkrampf. Lun-genentzündung, heute mit einer Antibiose zu bekämpfen, kostete zahllose Kleinkinder das Leben.

Waren die Menschen ohne Tetanusimpfung und Penizil-lin am Ende besser auf derartige Schicksalsschläge vorbereitet? Half ihnen der Glaube an eine gottgewollte Prüfung? Waren sie so fest von einem Leben nach dem Tod überzeugt, dass sie das Sterben nicht groß schrecken konnte?

Wenn wir uns heute so schwertun mit der Akzeptanz unserer Sterblichkeit, hat das unterschiedlichste Ursachen. Die unerschütterliche Hoffnung vieler, durch den »richtigen« Lebensstil, Medikamente und Impfungen auch von ernsten Krankheiten wie Krebs verschont zu bleiben, gehört sicher dazu. Wahrschein-lich wird die Forschung eines Tages Antworten parat haben, die heute niemand glauben würde. Dann könnte es sein, dass jeder Krebs heilbar ist – egal, wie selten, aggressiv oder fortgeschritten er sein mag. Nur: Welche Krankheiten bedrohen uns dann? Ist der Mensch samt seiner Medizin so allmächtig, dass er

alles ausmerzen kann? Oder bleibt im Wettlauf um ultimative Heilung unsere Rolle doch die des Hasen, denn allem Fortschritt zum Trotz wartet wie der Igel die nächste Krankheit schon auf uns?

Es kann jeden jederzeit treffen. Basta!

Kurz nach Nanas Ewing-Sarkom-Diagnose tauchten im Hause Stäcker durchaus Gedanken über das »Warum?« auf. Doch Mutter Barbara gelang es, diese schnell aus Nanas Welt zu vertreiben. Schließlich hatte sie in ihrem Beruf ausreichend oft erlebt, dass kein Mensch eine Garantie auf Gesundheit besitzt – unabhängig von Alter, Charakter und Lebenssituation. Es kann jeden jederzeit treffen. Auf Nanas Beerdigung fiel schlussendlich der Satz: »Niemand, wie klein oder groß er auch sein mag, hat ein Recht auf das Leben.«

Wer der Fragestellung »Warum ich?« zu viel Platz in seinem Leben einräumt, versäumt möglicherweise, seine großen und kleinen Chancen in der persönlichen Misere zu entdecken. Nana jedenfalls hat sich nicht lange mit solchen Schicksalshadereien aufgehalten. Und sie hat sich die Frage »Warum ich?« später nie wieder gestellt.

Ein Foto von Nana, Oktober 2009. Und ein Facebook-Eintrag von ihr, August 2011: »Yes, I'm happy and I love my life with all its ups and downs ♥«

Erwachsen

In den 15 Monaten ihrer Krankheit muss Nana schon allein rein körperlich Extremes durchstehen. Die drastischen Nebenwirkungen der Chemotherapien, der Gewichtsverlust durch den Tumor und medikamentös bedingte Wassereinlagerungen verändern ihr Körperbild stark: Nana verwandelt sich – und das nicht nur äußerlich. Vergleicht man Fotos von Nana vor ihrer Krankheit mit Bildern aus der letzten Phase ihres Lebens, sieht man zunächst ein noch sehr junges, hübsches Mädchen, das dann in enorm kurzer Zeit zu einer erwachsenen, bildschönen Frau herangereift ist.

Diese schnelle äußere und innere Verwandlung ist auch für Nanas Verlobten Chris nicht verwunderlich:

Links: Nana im Januar 2011.
Rechts: Nana und ihr Bruder
Michael im November 2009.

» Ja, sie war erwachsen. Anders hätte Nana diese extreme Selbstbestimmung und Kraft gar nicht entwickeln können. Schließlich reden wir hier nicht von zwei Wochen Liebeskummer, sondern von eineinhalb Jahren kontinuierlicher Belastung. Das verändert Wesen und Optik massiv. Aber das fand ich absolut nicht negativ.«

Michael, Nanas Bruder:
»Nana ist immer cool geblieben.«

Nana wirkt nicht mehr wie eine 21-Jährige, sondern viel älter und reifer. Kein Wunder – sammelte sie in eineinhalb Jahren mehr Lebenserfahrung als manch andere in ihrem ganzen Leben. Auch Nanas Bruder Michael ist nicht überrascht von der Klarheit, die Nana an den Tag legte. Zwei völlig unterschiedliche Charaktere seien sie gewesen, sagt er heute. Und weiter:

>> *Sie war immer ein sehr bedachter, besonnener Mensch und schon sehr früh extrem weit. Etwa wie sie ihr Abitur geschafft hat: Alles, was sie anpackte, zog Nana ziemlich zackig und vernünftig durch – so, wie man es als Erwachsener machen sollte. Ich dagegen bin eher temperamentvoll, aufbrausend und in vielen Dingen völlig unbedacht. Eigentlich in vielen Aspekten das genaue Gegenteil von Nana. Sie war immer sehr ruhig und hat allen Leuten vorurteilsfrei immer erst mal eine Chance gegeben.«*

Frühweise statt frühreif

Nana strahlte schon sehr früh eine außergewöhnliche Gelassenheit aus. Extrem auffällig zeigte sich das in ihrer Pubertät: Während in den meisten anderen Familien ein regelrechter »Kampf der Generationen« herrschte, verletzende Worte hin- und herflogen oder laut Türen geschlagen wurden, hielt Nana dies schlicht für »vertane Lebenszeit«.

Ihre Mutter musste feststellen, dass Nana als Teenager nie mit ihr streiten mochte. Stattdessen wollte sie ihre Zeit lieber mit Schönem verbringen und schlug Barbara beispielsweise eine gemeinsame Shoppingtour oder einen Ausflug in die Berge vor.

Ihrer Mutter war das manchmal geradezu unheimlich: Welcher Teenager will sich denn nicht abgrenzen? Ist es für Jugendliche nicht sogar ein entscheidender Faktor der Persönlichkeitsentwicklung, den Konflikt mit den Eltern zu suchen, um sich auch auf diese Weise selbst zu finden? Das schien Nana nicht zu brauchen, erzählt Barbara:

Michael, Nanas Bruder:

»Als ich Nana eines Tages fragte, ob es irgendetwas Positives gibt, das ihre Krankheit bewirkt hat, antwortete meine Schwester: ›Ich habe aufgehört, wie alle anderen immer an morgen zu denken. Ich fühle mich heute gut – und deshalb genieße ich jede Stunde des Tages!‹«

>> *Nana ruhte stark in sich selbst, ohne dass es je aufgesetzt oder erzwungen wirkte. Ich muss zugegeben, dass mich das bisweilen geängstigt hat. Wie kann ein Kind so weise sein? Jetzt in der Retrospektive beschäftigt mich das immer wieder sehr: Ahnte sie etwa, dass ihre Lebenszeit begrenzt sein würde?«*

Todeslustig

Im Nachhinein fallen Barbara einige Aspekte ein, die für einen jungen Menschen ungewöhnlich sind. So liebte Nana es, gemeinsam mit ihrer Mutter auf Friedhöfen spazieren zu gehen. Nicht nur in München. Auch bei gemeinsamen Städtereisen stand immer ein Abstecher auf die dortigen Begräbnisstätten auf dem Programm. In Wien auf dem Zentralfriedhof amüsierten sich beide sehr über die protzigen Marmorgräber und Mausoleen, speziell über die auf den Grabsteinen angebrachten Porträts. Barbara erzählt:

»» *Da erschall schon mal Nanas helles Lachen über den Friedhof, wenn sie auf einem glänzenden schwarzen Stein das fast einen Meter große silberumrandete Bild eines gedrungenen Mannes mit schiefer Krawatte über dem zu engen Sakko entdeckte. Angetan hatte es ihr auch eine Ruhestätte, so groß wie eine Garageneinfahrt, die von einem monströsen Gedenkstein gekrönt wurde. Das dort bestattete Paar blickte uns mit ernster Miene an, während im Hintergrund deren zu Lebzeiten gefahrene Luxuskarosse parkte. Die Ausmaße dieser Ruhestätte waren riesig – wahrscheinlich hatten sie sich das Auto als Grabbeigabe gleich mit dazulegen lassen. Vor einer besonders ausgefallenen Gruft mit Türmchen und Steinbogen schließlich ließ sich Nana grimassenschneidend fotografieren und betonte: ›So eins möchte ich auch mal haben!‹*
Gräber ängstigten Nana nie. Im Gegenteil – für sie waren es friedliche und zugleich spannende Orte, die viel über ihre ›Bewohner‹ verrieten. Und an denen man auch mal lauthals in Lachen ausbrechen konnte.«

»Nase«, Nanas beste Freundin:
»Ihre positiven Eigenschaften sind noch mehr hervorgetreten. Sie ist einfach noch mehr Nana geworden als sie vorher schon war.«

Letzter Halt: Waldfriedhof

So ist es denn auch nicht verwunderlich, dass Barbara und Nana oft überlegten, wo ein schöner Platz für ihre letzte Ruhestätte sein könnte. Eigentlich hatten sie sich für den Herbst, in dem Nanas Diagnose kam, vorgenommen, das gemein-

same Familiengrab auszusuchen. Als dann die Krankheit ausbrach, legten sie diese Idee verständlicherweise auf Eis. Zuletzt wählte Nana dann doch noch, wenn schon nicht den genauen Platz, dann wenigstens ihren Friedhof aus. Den »Sendlinger« fand sie zwar im Prinzip sehr romantisch, aufgrund der angrenzenden S-Bahnstrecke aber dann doch entschieden zu laut. Ihre Wahl fiel wegen des alten Baumbestands, der unzähligen zwitschernden Vögel und der langen Spazierwege klar auf den Münchner Waldfriedhof.

Straight ahead

Dr. Silke Seitz, die Nana während ihrer Krankheit als Vertraute in medizinischen Fragen begleitete, erkennt bei der »kleinen Nana«, wie sie immer bei ihr hieß, einen Übergang zu einer Person, die zwar nicht an Körperlichkeit, aber an Aura zugenommen hatte. In Nanas Fotos visualisiert sich das für Silke wie in einem Zeitraffer:

> *Von der hübschen Studentin im ersten Semester hin zu einer super-toughen, hocherotischen, attraktiven Frau, die mitten im Leben steht. Das letzte Kindliche hatte sie sowohl optisch als auch kognitiv verloren. Oder besser ausgedrückt: das Erwachsene gewonnen. In ihrer Selbstbestimmtheit hat sie sich extrem verändert. Alles, was Nana zum Schluss gesagt hat, hatte Hand und Fuß und bedurfte keiner Korrektur, sodass man sich dem einfach gefügt hat. Dazu kam natürlich auch diese erstaunliche Würde und Weisheit, gerade in ihren letzten Tagen.«*

Nana auf Facebook (November 2011):
»Plan for tomorrow:
1. get up!
2. survive ♥«

Silkes Vater, der als Seelsorger in einer Klinik viele sterbende Kinder begleitet hat, erzählt ihr, dass ihm dieses Phänomen durchaus vertraut ist. Das für Erwachsene oft unverständlich unbefangene »Akzeptierenkönnen«, Annehmen und sogar anderen Trostspendenkönnen scheint auch eine Gabe der Kinder und

87

Jugendlichen zu sein. Daher sei die Aufgabe, Kinder beim Sterben zu begleiten, nicht nur von Traurigkeit bestimmt, sondern habe ebenso bereichernde Aspekte. Silke: »Kinder verblüffen uns im Umgang mit unserer Begrenztheit.« Wenn jemand im Sterben einen guten Weg finden, lässt das für den Palliativmediziner Dr. Berend Feddersen deutliche Rückschlüsse darauf zu, wie der Mensch zuvor gelebt hat:

Nana auf Facebook (Juli 2011): »Damn, I'm feeling good today ... although life is tough. But I'm a vampire ... you won't kill me!«

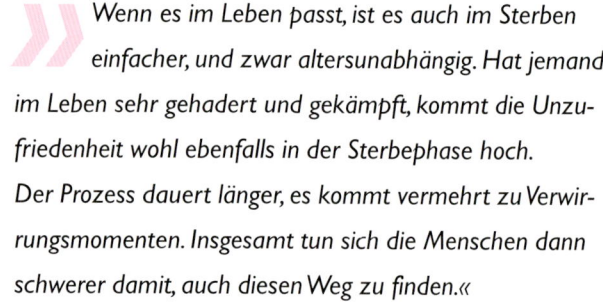

> Wenn es im Leben passt, ist es auch im Sterben einfacher, und zwar altersunabhängig. Hat jemand im Leben sehr gehadert und gekämpft, kommt die Unzufriedenheit wohl ebenfalls in der Sterbephase hoch. Der Prozess dauert länger, es kommt vermehrt zu Verwirrungsmomenten. Insgesamt tun sich die Menschen dann schwerer damit, auch diesen Weg zu finden.«

Natürlich, so Dr. Feddersen, sei das nur eine Theorie; schließlich kenne er das Leben der Patienten nur aus den entsprechenden Erzählungen der Angehörigen:

> Daraus kann ich aber doch häufig schließen, dass sich im Sterben das Leben widerspiegelt.«

Für Nanas Vater Axel ist es nur bedingt erstaunlich, mit welcher Abgeklärtheit seine Tochter ihre Lage annehmen konnte:

> Eigentlich war sie schon immer so. Sehr straight, bereits im Kindergartenalter. Egal, ob es ums Anziehen ging oder ums Spazierengehen. Wenn Nana nicht mehr weiterwollte, ging sie auch nicht weiter. Diese Gerad-

linigkeit, Durchgängigkeit und Power hat sie eben auch nach ihrer Krebsdiagnose unter Beweis gestellt.«

Dass Nana ihr letztes Lebensjahr in jeder Hinsicht so bemerkenswert meistern konnte, liegt neben charakterlichen Grundlagen sicher auch an der Gesamt-konstellation: ein liebevoller treuer Lebensgefährte, ein wirtschaftlich stabiles Umfeld, ein belastbarer Freundeskreis, ein enges, inniges Familiengefüge. Und eine Mutter, die immer an Nanas Seite war. Serap Tari von lebensmut e. V.:

> Wenn wir im Team über Nana und ihre Mutter gesprochen haben, schwang auch Bewunderung für Barbara mit: Sie hat ihre Tochter aus unserer Sicht hervorragend begleitet, hat ihr die Selbstständigkeit gelassen, mit ihr gemeinsam Wege gefunden, die Krankheit auszuhalten, zu bewältigen – und Nana bis zuletzt zu begleiten. Das ist etwas Besonderes und war sicher nicht einfach.«

Nanas Freundin »Nase« sagt über Nanas Mutter:

> Ich habe Barbara erst jetzt, nach Nanas Tod, ein paarmal weinen gesehen. Vorher war sie immer Nanas Halt und Beistand.«

Am 17.7.2012 schreibt »Nase« auf Gedenkseiten.de an Nana:

> Jeden Morgen kommt aufs Neue die Erkenntnis, dass du nicht mehr bei uns bist. Aber neben der ganzen Trauer kann ich trotzdem noch lachen und mich darüber freuen, dass ich so unfassbar geile 15 Jahre mit dir erleben durfte. Danke, dass du mir jeden Morgen die Kraft gibst, weiterzumachen. Danke, dass du immer noch irgendwie bei mir bist. Danke, dass du uns wissen lässt, dass du trotzdem noch da bist, wenn wir dich am meisten brauchen.
> Ich liebe dich, meine Maus.
> Und ich vermisse dich so sehr …«

In **Joy** and **Sorrow**

HIM – es ist Chris

»In Joy and Sorrow« von HIM

Oh girl we are the same

We are young and lost and so afraid

There's no cure for the pain

No shelter from the rain

All our prayers seem to fail

> In joy and sorrow my home's in your arms
>
> In a world so hollow
>
> It's breaking my heart

Oh girl we are the same

We are strong and blessed and so brave

With souls to be saved

And faith regained

All our tears wipe away

> In joy and sorrow my home's in your arms
>
> In a world so hollow
>
> It's breaking my heart

Musik. Für Frischverliebte eine enge Verbindung. Die gleichen Hoffnungen und Sehnsüchte teilen. Formuliert in einem Text, der nur für sie geschrieben scheint, in dem sie all ihre Gefühle wiederfinden: füreinander bestimmt zu sein. Gemeinsam durch Himmel und Hölle zu gehen. Die Freude, aber auch den Schmerz zu teilen, in guten wie in schlechten Tagen.

Was »schlechte« Tage in einer Beziehung oder Ehe heißen können, bleibt mit Anfang 20 ein verschwommenes Bild. Was könnte das heißen? Schwierigkeiten, es miteinander auszuhalten? Nach 20 Jahren immer noch der gleiche Ärger über

herumliegende Unterwäsche und Zahnpastareste im Waschbecken? Streitig-
keiten, die man von den eigenen Eltern oder in den Familien seiner Freunde
kennt? Um Finanzen, Kindererziehung, Erwartungshal-
tungen? Schemenhafte Klischees über weit Entferntes, im
Verliebtsein oft Irrelevantes. Was wären denn wirkliche
Probleme? Sich zu verlieren … vielleicht für immer?!
Die musikalische Stilrichtung, in der Nana und Chris zu
Hause sind, spielt bewusst mit Symbolen und Motiven

Links: Nana und Chris beim Gothic-Shooting mit der Hobby-fotografin Inge Böhm (April 2011). Rechts: Nana und Chris im Frühjahr 2010.

des Morbiden. Ob Dark oder Rock, Love oder Symphonic Metal – für Außenstehende überwiegend schwer auseinanderzuhalten – die Videos sind oft düster und geheimnisvoll. Texte voller Andeutungen über Tränen und Tod. Die Männer blass geschminkt, ihre Augen mit Kajal umrandet. In Schwarz und Violett gekleidet, wie aus einer anderen Zeit, aus einer anderen Welt. Kerzen flackern, geisterhafte Frauen auf uralten Friedhöfen, in tiefen Wäldern, in modrigen Schlössern. Liebe und deren Verlust spielt eine zentrale Rolle. Unsterbliche Liebe – über den Tod hinaus.

Prickelnd morbide

Von dieser sentimentalen Verklärung fühlen sich auch Nana und Chris angezogen. Musik der Band HIM, die beide zueinander führt. Nana und Chris finden sich über »Lokalisten«, dem sozialen Netzwerk »vor« Facebook. Nana entdeckt Chris in einer Gruppe von Fans der finnischen Band HIM. HIM ist die Abkürzung für »His Infernal Majesty«, der Leadsänger Ville Valo ein ätherischer, blasser, dunkelhaariger Mann mit markanten melancholischen Augen. Dass Chris viele Bilder der Band auf seinem Lokalisten-Account gesammelt hat, scheint Nana zur Kontaktaufnahme zu motivieren. Denn an den Fotos von ihm selbst, so sagt Chris, könne es nicht gelegen haben:

Chris auf Facebook (11.9.2011):
»The one who makes me feel alive.
I'm glad that I could find it
in this life ♥«

> Mit denen hat sie mich später immer verarscht. Auf den Bildern bin ich 16 – die waren ja damals schon veraltet! Warum genau sie mich angesprochen hat, wusste sie selbst nicht. Musik war natürlich verbindend. Sie hat immer die gleiche Musik gehört wie ich.«

Die beiden fangen an, sich zu schreiben, kontaktieren sich häufig über Windows Messenger, mit ständig steigender Häufigkeit, sodass es schließlich auch ihrem Freundeskreis auffällt. Täglich, stundenlang, auch am Wochenende tauschen

sich Chris und Nana aus. Er in Landshut, sie in München. Fast ein Dreiviertel Jahr lang, ohne sich einmal persönlich getroffen zu haben. Chris erzählt:

>> *Wir haben sehr offen geredet, weil wir eigentlich davon ausgegangen sind, dass wir uns niemals sehen werden. Hinterher unterhielten wir uns darüber, wie erstaunlich es war, dass wir uns Dinge anvertrauten, die wir unseren besten Freunden nicht erzählt hätten. Das hat dann die Sache stark beschleunigt. Wir haben uns nur dreimal getroffen, dann waren wir zusammen. Das war der 20. Dezember 2009.«*

Für Nana ist Chris der erste Freund. Sie war da sehr wählerisch, weiß Barbara:

>> *Es ist nicht so, dass da nicht mancher in der Schlange gestanden hätte. Oft genug hat sich Nana bei mir erkundigt, wie sie einem Jungen signalisieren könne, dass sie nicht interessiert sei, ohne ihn zu verletzen. Sie wollte einfach richtig verliebt sein! So verliebt, dass sie sich vorstellen könne, für immer, bis ins hohe Alter, ihr Leben mit ihm zu verbringen. Sie wollte auf ›den Richtigen‹ warten.«*

Das liegt wohl daran, dass Nana von einer ähnlich romantischen Liebesgeschichte träumt, wie sie ihre Eltern erlebten: Die beiden lernen sich sehr früh kennen – Barbara ist 13, Axel 16 –, als beide Familien zufällig im gleichen Haus ihren Urlaub verbringen. Aus der kleinen Verliebtheit entwickelt sich eine starke Anziehung.
Barbara und Axel gelingt es, über Jahre durch Brieffreundschaft und sporadische Besuche diese nicht nur aufrechtzuerhalten, sondern zu verstärken, obwohl Axel in Düsseldorf lebt und Barbara in München. Bis zu dem Tag, als sie beschließen, zu heiraten und eine Familie zu gründen. Nana, die diese Geschichte immer gerne erzählt, hofft, ihr könne es mal genauso gehen.

Am 22.4.2012, wenige Wochen nach Nanas Tod, wird Barbara einen Fotoworkshop bei Sylwia Makris, den sie geschenkt bekommen hat, besuchen. Ihr Model an diesem Tag: Chris – quasi in »Vertretung« von Nana, die das mit Sicherheit keinesfalls anders gewollt hätte.

Links: Axel und Barbara auf Nanas Lielingsbank am Starnberger See, wo auch das Foto auf Seite 28 entstand (Mai 2009).

Rechts: Chris und Nana vor einem Shooting mit Barbara im Garten der Familie (Mai 2011).

Vor dem ersten Treffen mit Chris ist sie natürlich sehr gespannt und aufgeregt, gleichzeitig aber auch sehr skeptisch. Zum einen wirkt Chris auf den Fotos noch sehr jung, zum anderen besteht ja auch immerhin noch das Risiko, dass er, den sie ausschließlich virtuell kennt, sich als völlig anderer Mensch entpuppt, als er im Netz vorgibt zu sein.

Blind Dating

Nana und Barbara sind sich einig, dass das erste Treffen auf jeden Fall untertags in der Münchner Innenstadt stattfinden soll. Schließlich hätte es ja sein können, dass jemand eine Biografie nur vorgaukelte. Entsprechend vorsichtig marschiert Nana zu ihrem Date. Aber als sie dann nach Hause kommt, strahlt sie übers ganze Gesicht: »Der ist ja doch ganz süß!« Sie hat Chris ein Herz auf sein staubiges Auto gemalt.

Barbara ist heute sehr glücklich, dass Nana durch diese Begegnung mit Chris die Chance hatte, Liebe zu erleben:

» Für mich ist die Vorstellung, ein junger Mensch muss sterben, ohne
verliebt gewesen zu sein, ungemein traurig. Liebe gehört zu unserem
Leben zwingend dazu. Wir träumen davon, und wenn sie erwidert wird, erfüllt
und beglückt sie uns. Nana und Chris konnten dieses Gefühl einige Monate lang
wirklich unbeschwert genießen. In der Zeit der Erkrankung gab ihre Liebe Nana
natürlich unbeschreiblichen Halt und Zuversicht. Kurios, dass die beiden sich fast
nicht getroffen hätten: Nana war verkatert und hatte überhaupt keine Lust, zu
ihrem Date zu gehen. Da Chris für diese Verabredung den Umweg über München
in Kauf nahm, habe ich Nana richtiggehend hingeschickt.«

Nur wenige Monate nach ihrem ersten Treffen wird Chris bei Nana einziehen,
in das Haus ihrer Eltern. Unters Dach.

Was Nana und Chris bevorsteht, was sie miteinander durchleben werden, bis in
den Tod, das liegt außerhalb des Vorstellbaren. Auch wenn es in den Songs, die
beide hören, immer wieder, bisweilen geradezu sehnsüchtig thematisiert wird.

»Join me in Death« von HIM

We are so young
Our lives have just begun
But already we are considering
Escape from this world

And we've waited for so long
For this moment to come
We're so anxious to be together
Together in death

Won't you die tonight for love
Baby join me in death
Won't you die
Baby join me in death
Won't you die tonight for love
Baby join me in death

»Join me in Death« written by Ville Valo. © Published by Hea-tagram Inc. Administrated by Kobalt Music Publishing Ltd.

»Würdest du heute Nacht mit mir gemeinsam sterben?« Aber was heißt das, Sterben? Was bedeutet Tod? Zusammensein bis ans Ende der Tage? Nana und Chris steht dieses Unfassbare bevor.

Romantik versus Realität

Für Chris ist es heute ungemein schmerzhaft, diese Lieder, die das Sterben romantisieren, zu hören:

>> *Wenn du dann wirklich in der Situation bist, erträgst du diese Musik nicht mehr. Das ist vorbei. Zum Beispiel ›In Joy and Sorrow‹. Höre ich nicht. Doch ... manchmal schon, aber ab dem ersten Refrain schalte ich weiter, denn dann kann ich nicht mehr.«*

Chris erfährt von Nanas Diagnose im Praktikum für seine neue Stelle. Er braucht fünf Minuten, sitzt dann im Auto und fährt los.

> *Ich habe das erst gar nicht richtig realisiert. Weder am ersten Tag noch ein Dreiviertel Jahr später. Ich dachte: Klar, Krebs ist scheiße, aber das kriegen wir schon hin!«*

Kurz nach der Diagnose ist Nana oft niedergeschlagen und von den anstrengenden Therapien genervt. Für Chris ist das die Zeit, in der es ihr psychisch am schlechtesten ging:

> *Sicher, sie war oft traurig und auch mal schlecht drauf, aber selbst in der Zeit, als es in Richtung Sterben ging, war sie nie so depressiv wie in der Anfangszeit.«*

Chris:
»Wann ich wusste, dass Nana es nicht schaffen wird? Am 10. Januar 2012. An dem Tag, als sie starb.«

In diesen Wochen führen die beiden ein Gespräch darüber, was wäre, wenn die Ärzte Nana eröffneten, ihr Krebs sei unheilbar. Würden sie dann Hand in Hand von einem Dach, übersät mit einem Meer von Kerzen, herunterspringen? Es ist nur ein kurzer Augenblick, in dem sie das Undenkbare denken:

> *In dem Moment klang das vielleicht cool. Aber im Nachhinein fand Nana, das wäre keine gute Idee gewesen. Sie sagte, sie war in der Zeit einfach schlecht drauf. Das war nicht der Weg, den sie gehen wollte.«*

Carpe diem

Nana versucht, jeden Moment wirklich zu genießen. Etwas zu unternehmen – wenn es ihr entsprechend geht. Und wenn es nur ein Spaziergang ist. Sie wagt sich sogar ein paarmal zum Inlineskaten. Trotz dem Risiko, hinzufallen und sich ihre vorgeschädigte Wirbelsäule schwer zu verletzen: Nana fährt eigentlich gar nicht, sondern rutscht eher, langsam und vorsichtig. Für Chris ist das sehr bewegend:

》 *Obwohl es gar kein richtiges Skaten war, hat sie dabei gestrahlt. Wie ein kleines Mädchen, das ein Pony geschenkt bekommen hat. Sie konnte sich über die kleinsten Kleinigkeiten so richtig freuen! Kleinigkeiten waren sehr bedeutend für sie.«*

Nana auf Facebook (November 2011):
»Going out with my handsome future-husband Chris tonight.«

Nana liebt es noch immer auszugehen. Etwa ins »Rockstudio«, entsprechend gestylt. Auch auf Livemusik will sie nicht verzichten, wenngleich die Enge auf den Konzerten eine Herausforderung darstellt. Auf dem Konzert von »Alter Brigde« wird sie von jemandem angerempelt. Die Schmerzen im Rücken spürt sie noch lange danach. Für »Rammstein« sind die Karten bereits vorbestellt: Chris hat Sitzplätze reserviert.

》 *Zwei Stunden in der Arena zu stehen, das wäre für Nana einfach nicht mehr möglich gewesen. Aber Livemusik war etwas, das hat ihr richtig Spaß gemacht.«*

Dinners for two

Im Dezember, einen Monat vor ihrem Tod, veranstalten Nana und Chris mehrere »Käseabende«. Auf dem Münchner Tollwood-Winterfestival kaufen sie an einem Stand immer wieder riesige Mengen an Bergkäse. In Nanas Zimmer unter dem Dach vertilgen sie diese dann bei Kerzenschein. Ihren letzten Jahrestag am 20.12.2011 begehen die beiden ebenfalls hier oben.

Chris hatte Nana eigentlich einen Besuch in einem Restaurant geschenkt, aber Nana möchte nicht mehr unter fremde Menschen, sondern zu Hause bleiben. »Da kann man ganz anders reden«, meint sie. Chris bestellt also ein Menü beim Chinesen:

> *Wir haben uns den Wanst vollgeschlagen, bis wir beide nicht mehr aufstehen konnten. Dann haben wir auf der Couch gelegen und gekuschelt, ein bisschen Musik gehört. Über das, was kommen könnte, haben wir an diesem Abend nicht geredet. Das passierte stillschweigend. Wir wollten einen ganz normalen Pärchenabend haben, genießen, was man noch machen kann.«*

Chris:
»Bevor Nanas Entscheidung fiel, endgültig nach Hause zu gehen, habe ich zwar oft darüber nachgedacht, es aber gleichzeitig versucht zu verdrängen. Da ist diese Angst: Sobald man darüber nachdenkt, passiert es auch.«

Richtig Zeit zu zweit blieb den beiden sowieso kaum noch. Nana verbringt verständlicherweise die meiste Zeit mit Barbara. Im Krankenhaus, beim Fotografieren, an den Tagen daheim. Mutter und Tochter schlafen sogar phasenweise nachts im gleichen Zimmer: Wenn Nana wieder Probleme mit dem Rücken hat, schafft sie es nicht in ihr Hochbett. Chris ist darüber dennoch nicht unfroh – mit einer nächtlichen Notfallsituation würde er sich vielleicht überfordert fühlen und hätte Angst davor, Nana falsch zu versorgen. Ab und zu aber überlassen Barbara und Axel den beiden Verliebten das elterliche Ehebett. Was speziell Chris sehr freut, denn:

> *Mit der Einsamkeit habe ich mir vor allem zu Nanas Krankenhauszeiten schwergetan. Sie in diesem Zimmer in Großhadern, und du drehst dich zur Seite, und da ist niemand. Jede Nacht hältst du dein Kopfkissen im Arm, anders kannst du nicht mehr einschlafen. Das mache ich immer noch so. Es ist schon einsam, aber auch schön im Hochbett, wegen der vielen Erinnerungen. Im Bett streitet man nicht, da hat man sich lieb. Wie oft wir da aneinandergekuschelt gelegen und ferngesehen haben! Das gibt mir auch heute noch ein gutes Gefühl.«*

Ich, die Braut

>> *Das Schönste an Nana waren immer die Augen. Von Anfang bis zum Ende. Mal mit ein bisschen mehr Leuchten, mal mit ein bisschen weniger. Ihre Augen waren absolut betörend.«*

Sagt Chris heute. Und: Egal, wie der Krebs Nanas Aussehen veränderte – für ihn spielte das keine Rolle:

>> *Für Nana war es sehr schlimm, als sie ihre Haare verloren hat. Für mich war es das auch – aber weniger, weil es mich gestört hätte, sondern weil ihr das so schwergefallen ist.«*

Chris liebt Nana auch ohne Haare und ohne Perücke. Oft sitzt er neben ihr, schaut sie verliebt an und fragt in Richtung Barbara: »Ist sie nicht total hübsch?« Was Nana richtig guttut. Als ihr irgendwann ein kurzer Flaum wächst und sie daraus schließlich eine Frisur formen kann, ist Chris richtig begeistert:

>> *Ihre kurzen Haare fand ich total attraktiv. Die Frisur hätte sie behalten können. Zu der Zeit war sie wunderschön. Eigentlich generell. Immer.«*

In Nanas letztem Sommer ergibt sich unerwartet die Chance zu verreisen, da sich ein Zeitraum von zwei behandlungsfreien Wochen auftut. Nana träumt von Finnland, verabschiedet sich aber wegen der Entfernung von dieser Idee. Es muss ein Ziel sein, das im Notfall eine schnelle Rückkehr nach München zulässt. Und so fällt die Entscheidung auf Südtirol.

Auf den Internetseiten des »Bärenhotels« in Olang entdeckt Nana Fotos der Hochzeitssuite. Die Krönung des Zimmers ist die herzförmig in einen Erker eingelassene Badewanne mit Panoramablick auf das Pustertal. Nana seufzt: »Ist bestimmt nicht frei. Und außerdem auch viel zu teuer!«

Als die Familie dann im Hotel eintrifft, verschlägt es Nana und Chris den Atem. Die Suite, dekoriert mit Rosen und Herzen in Blütenform auf dem Bett, wurde von Barbara und Axel heimlich reserviert. Nana verbringt erholsame, entspannte Ferien. Es ist der ultimativ letzte Familienurlaub.

To eternity. And beyond

Chris weiß um Nanas Prognosen. Und doch hofft er. Schließlich werden ja auch andere Krebspatienten gesund. Über das Sterben redet das Paar nur selten. Hauptsache, Nana und Chris sind zusammen. Er geht mit ihr den Weg zu Ende. Bemerkenswert für einen Mann Anfang 20. Chris heute:

> » *Wäre ich nicht geblieben, könnte ich nicht mehr in den Spiegel schauen. In meinem Bekanntenkreis gibt es jemanden, der hat zweimal erlebt, dass die Freundin krank geworden ist. Er hat sofort seine Sachen gepackt und ist weg. Du magst den Menschen doch – und den dann im Stich lassen? Das ist grauenhaft! Deshalb finde ich meinen Weg auch nicht lobenswert. Für mich ist das normal.«*

Nana, die sich ihrer Liebe zu »Chrissl«, wie sie ihn nennt, absolut sicher ist, lässt von Anfang an keinen Zweifel an ihren Heiratsplänen. Bereits vor ihrem »richtigen« Zusammensein sendet Nana eindeutige Zeichen. Barbara erzählt:

> » *Bei einem Bummel in der Stadt entdeckt Nana im Schaufenster ein Brautkleid. Natürlich in Weiß, das Oberteil eine mit Perlen und Steinen bestickte Korsage, der Rock lang und glockenförmig, über dem weißen Stoff noch*

Nana auf Facebook (August 2011):
»Yes, I am in a relationship. Yes, he will marry me one day (whether he wants to or not) – and no, I'm not interested in getting to know you or writing you a message, pleace accept that and do not annoy me with stupid questions – thank you very much!«

eine Lage Tüll. Eine Mischung aus Opulenz und Schlichtheit. Sofort ruft sie: ›Das ist mein Brautkleid! Muss ich gleich mal Chris schicken!‹ Macht mit ihrem Handy ein Foto – und sendet es an Chris.«

Auch für den Verlobungsring hat Nana klare Vorstellungen. Der soll so aussehen wie der von Kate und William. Natürlich – es wird wohl kein mit Diamanten besetzter blauer Saphir wie im britischen Königshaus werden. Aber denkbar ist ja immerhin ein Imitat des berühmten Stücks, in vielen Ausführungen und Preisklassen zu haben. Nana steckt Chris schon bald ein Zeitschriftenfoto des Vorbildrings zu. Er trägt den kleinen Ausschnitt lange in seinem Geldbeutel mit sich – bis er eines Tages zum Ringekauf losgehen wird.

Nana auf Facebook (November 2011):
»I'm in love with the most beautiful guy ever, and when I'm feeling sad, I plan our wedding and that cheers me up every time ♥ ♥ ♥ ♥ ♥ ♥ Chris, ich liebe dich!«

Even when you're gone – Chris heute

Heute verbringt Chris viel Zeit mit Gitarre und Textbuch. Manchmal sitzen Axel und er gemeinsam in Axels Musikstudio, probieren Akkorde und Harmonien aus.

>> *Nana hat mich wieder zum Gesangs- und Gitarrenunterricht geschickt, weil sie der Meinung war, ich müsste mich noch mit etwas anderem beschäftigen als nur zu arbeiten und daheim zu sitzen. Sie hat sich zeitweise um uns alle mehr Gedanken gemacht als wir selbst.«*

Jetzt hilft es Chris. Es eröffnet ihm einen Weg, Gefühle in Worte und Sehnsucht in Melodien umzuwandeln.

>> *Die ersten fünf, sechs Mal musst du zwischendrin Pausen machen. Irgendwann sitzt du da und spielst es einfach, und es tut nichts mehr mit dir. Wobei – ich kann mein Lied für Nana dann zwar singen, aber wenn ich darüber nachdenke, weine ich wieder.«*

»Ten Days«. Von Chris. Für Nana

You told me you love me
But you can not longer stay
And you have to go home
You can not stand the pain

And there's a place in heaven
For you my lovely girl
Now you've been taken
From this dirty world

Ten days left
Of our life together
The last hours with you
Forever

Ten days left
You were everything I wanted
The last hours till the »we«
Is departed

We enjoyed every second
Nothing's left to say
We took the last chance
Now we're engaged

I hold you in my arms
So often in this time
You're a part of my heart
Now and the rest of my life

No one will love like we have done
Our love's still shining brighter than the sun
I remember how everything began
I feel you still love me
Even when you're gone

Der letzte Weg

Ein Wintermorgen am See

Der 28. Dezember 2011 ist ein bemerkenswert schöner Tag, außergewöhnlich mild für einen Wintermorgen. Bei Plusgraden, begleitet von leichten Nebelschwaden, überqueren an diesem sonnigen Vormittag fröhliche, erwartungsvolle Menschen per Schiff den Chiemsee im bayerischen Alpenvorland. Im Gepäck Luftballons jeglicher Couleur, rote Herzen – und jede Menge gute Wünsche für die Brautpaare, die sich an diesem Tag auf dem Standesamt der Insel Frauenchiemsee das Jawort geben werden.

Nana in einer SMS (28.12.2011):

»Boah, ich fühl mich richtig scheiße heute! 39 Fieber, und die rechte Hüfte tut wieder so weh.«

Unter den knapp zehn Hochzeitspaaren an diesem Dezembertag sind Dr. Silke und Dr. Christoph Seitz mit ihren beiden Kindern, ihren Familien und Freunden. Barbara und Axel Stäcker gehören zu ihren Gästen, und auch für Nana ist beim anschließenden Mittagessen an der Hochzeitstafel gedeckt. Doch sie ist zu schwach, das Fieber zu hoch. Sie ist zu Hause, bei Chris. Barbara und Axel ist es nicht leichtgefallen, Nana an diesem Morgen zurückzulassen. Von Tag zu Tag scheint sie mehr an Kraft zu verlieren.

Himmelhochjauchzend – zu Tode betrübt

Nanas Eltern ist bewusst, wie wichtig Silke und Christoph dieser Tag ist. Da sagt man nicht ab. Für das Hochzeitspaar ein großes Geschenk, doch es fällt unendlich schwer. Lichtjahre entfernt scheint das eine von dem anderen Leben. Als die Gäste mit dem Brautpaar vor dem kleinen Standesamt warten, wirkt das wie das perfekte Idyll. Strahlende Menschen, fröhlich lärmende Kinder, gespannte Aufregung. Ein liebevoll angelegter Bauerngarten, das schmucke ehemalige Mesnerhaus, in dem gleich die Trauung stattfinden wird. Alles ist so friedlich, so malerisch. Gleich nebenan liegt die Klosterkirche mit ihrem typisch bayerischen Zwiebelturm und dem kleinen Friedhof voller efeuumrankter Grabsteine und verzierter Eisenkreuze.

Hier stehen Barbara und Axel, abseits der aufgekratzten Hochzeitsgesellschaft. Sie halten sich fest umklammert und obwohl sie ihre Gesichter von den anderen Gästen abgewandt haben, kann man sehen, dass sie weinen. Ihre Gedanken scheinen sich zu materialisieren: »Stehen wir bald wieder auf einem Friedhof? Tragen wir dann unser Kind zu Grabe? Die eigene Hochzeit ist unserer Tochter wohl nicht mehr vergönnt.« Ein kurzer Moment, der die oft so unbegreifliche Gleichzeitigkeit von Leben und Tod vereint. Dort Silke und Christoph, Eltern, die auf ein vor ihnen liegendes Glück hoffen. Da Barbara und Axel, Eltern, die um den nahen Verlust ihres Kindes trauern. Und noch nicht ahnen, wie nah er in diesem Moment bereits ist.

Silvester

Als Nana zwei Tage später unter starken Schmerzen ihr Zuhause in Richtung Klinik verlässt, wird sie begleitet von Vorahnungen: »Mama, ich glaube, diesmal schaffe ich es nicht.«

Die Schmerzen haben ein Maß erreicht, das eine stationäre Aufnahme erfordert. Leider erzielt man auch in Großhadern keine Schmerzfreiheit, und noch mehr Morphin wird Nana unter Hinweis auf ihr Gewicht und ihre Körpergröße nicht zugestanden.

Nana im Krankenhaus (als man ihr trotz exorbitanter Schmerzbelastung eine Erhöhung der Morphingabe verweigert):

»Es kotzt mich so an, dass ich angeblich zu dünn bin für eine anständige Morphindosis!«

Silke, die sich tags darauf eigentlich den Geschenken und Glückwunschschreiben ihrer Hochzeit widmen möchte, beschließt, Nana zuvor noch einen kurzen Besuch in Großhadern abzustatten. Sie betritt die Klinik in einer recht entspannten Stimmung. Zum einen hatte ihr Barbara Nanas aktuellen Zustand nicht im Detail beschrieben. Zum anderen kam sie gerade aus einer Parallelwelt, in der sie mit sich und ihren Lebensumständen glücklich war. Umso bestürzter ist Silke, als sie bei Nana ankommt:

> *Ich öffne die Tür zu ihrem Zimmer und sehe eine sterbende Nana. Grau, spitz, zitternd. Eine mir nicht mehr vertraute Nana. Sehr langsam, sehr schwer krank, voller Schmerzen. Mit einem Körper, der nicht mehr viel kann. Sie stand gerade am Waschbecken, Chris war bei ihr. Gemeinsam halfen wir ihr, sich wieder hinzulegen. Doch auch liegend hörten ihre Beine nicht auf zu zittern. Sie war völlig erschöpft von dem kurzen Weg.«*

An diesem Punkt muss Silke das Zimmer kurz verlassen. Sie hatte Nana das letzte Mal an Weihnachten gesehen, gut drauf, geschminkt und glücklich. Jetzt ist für Silke unübersehbar, dass etwas anders ist. Keine Durststrecke, wie sie schon früher durchstanden werden musste – und wofür es die Familie zunächst auch diesmal hält. Silke dagegen ist klar: »So sieht ein Mensch aus, der dem Tod geweiht ist. Das hat sich mir sofort erschlossen.«

Silke bittet Chris, sie beide für eine Unterredung allein zu lassen. Es wird ein langes Gespräch. Silke ist Nanas medizinische Vertraute seit Beginn ihrer Krankheit, mit der sie offen Befunde und Therapien besprechen kann.

September 2011: Bei einem Shooting mit Michael Brik hält Barbara einen optimistischen Nana-Augenblick fest.

Vor der ihr nichts peinlich und keine Frage »zu blöd« ist. Die sie zu Rate zieht, wenn sie Ängste quälen vor der Chemo, vor einer OP, der Bestrahlung. Und mit der sie eine geheime Absprache verbindet.

Begonnen hatte alles an Pfingsten, ein halbes Jahr zuvor. Nana ist wegen eines Rezidivs am Rücken in der Klinik. In einer Notoperation muss die Wirbelsäule aufgrund der drohenden Querschnittslähmung versteift werden. Nana sagt in einem vertraulichen Gespräch mit Silke, sie habe alle Chemozyklen hinter sich und müsse im Prinzip doch auf dem Weg der Heilung sein. Sie fragt: »Was machen die jetzt mit mir? Was muss ich noch durchmachen?«

Silke:
»Nana hat in all den Monaten ihrer Krankheit nicht ein einziges Mal gefragt: ›Warum ich?‹ Sondern sagte: ›Ok, ich. So, was machen wir jetzt daraus? Lass es uns gut machen! Hilfst du mir dabei?‹«

Silke entgegnet wahrheitsgemäß, dies auch nicht im Detail zu wissen, da jetzt alle Standardtherapien durch seien. Mit Sicherheit aber stünden erneut Bestrahlung und Chemo an. Für Nana steht zu dem Zeitpunkt schon fest: »Ich will das aber nicht. Nicht um jeden Preis.«

Und so nimmt sie Silke das Versprechen ab, ihr immer offen mitzuteilen, ob eine Maßnahme noch hilfreich sei oder nicht. Silke spürt an diesem Silvestertag, dass der Augenblick dazu gekommen ist. Dass es an ihr liegt, die Vereinbarung, die sie vor sechs Monaten miteinander getroffen haben, einzuhalten. Derer sich Nana immer mal wieder in kleinen Nebensätzen vergewissert hatte, mit Fragen wie »Bist du noch bei mir? Passt du noch auf?« Zunächst führen die beiden Frauen ein unverfängliches Gespräch über Silkes und Christophs Hochzeit und die vergangenen Tage. Bis Silke direkter wird:

Irgendwann habe ich Nana gefragt, wie sich das gerade anfühlt. Sie hat geantwortet: ›Ich glaube, ich sterbe jetzt.‹ Und ich habe gesagt: ›Das glaube ich auch.‹ Dann haben wir beide ein bisschen geweint. Sie erzählte mir, dass man am Montag mit einer neuen Chemotherapie starten wolle, und fragte: ›Hilft mir das denn?‹ Ich musste zugeben: ›Das weiß ich nicht.‹ Und dass es sein kann, dass wir jetzt an dem Punkt angekommen sind, den wir seit einem halben

Jahr immer wieder besprochen hatten. Sie hat sehr geweint und gesagt: ›Ich will das nicht mehr.‹ Auf die Frage ›Wieso?‹ entgegnete sie: ›Ich will nicht wieder dieses Gift haben, ich hatte genug Gift. Ich will meine Ruhe. Nicht wieder entblößt mit einem Blasenkatheter auf irgendeinem Bestrahlungstisch liegen. Es ist vorbei.‹ Damit war es entschieden. Nana wollte aber noch etwas mit mir klären: ›Du hast mir versprochen, dass ich nach Hause kann. Machst du das jetzt auch?‹ Sofort bejahte ich dies: ›Wir kriegen das zu Hause hin, und sicher auch schön.‹ Ich versicherte ihr, dass sie sich keine Sorgen machen müsse um Schmerzen oder Atemnot. Und dabei hoffte ich, dass wir all dem auch gerecht werden würden!«

Chris, der all die Zeit draußen gewartet hatte, sieht, wie Silke nach diesem Gespräch Nanas Zimmer verlässt:

> *Irgendwann kam Silke raus und hat geweint. Da habe ich mir gedacht: ›Ach du Scheiße.‹ Ich wusste nicht genau, was war, aber wenn Silke weint, dann hast du ein schlechtes Gefühl. Sicher, sie war gefühlsmäßig involviert, aber immer sehr professionell. Vor allem uns gegenüber war sie immer sehr stark, damit wir jemanden zum Ausheulen haben. Da wusste ich, jetzt ist etwas ganz Beschissenes. Dass es so beschissen ist, hätte ich nicht gedacht. Ich bin rein zu Nana, und sie hat mich gebeten, dass ich mich zu ihr setze, sie konnte ja nicht mehr aufstehen. Dann hat sie mir gesagt, dass sie heimgeht, weil sie glaubt, dass es nichts mehr bringt. Sie hat mir noch erzählt, dass sie eigentlich nicht weg will, dass sie gerne bei mir bleiben und mich nicht allein lassen möchte. Dann haben wir uns ewig lang umarmt – und das, obwohl sie diese starken Schmerzen hatte. Man musste nichts mehr sagen.«*

Barbara:
»Als Silkes Gespräch mit Nana immer länger dauerte, ahnten wir, wie ernst es war. Ein völlig anderes als eines der vielen vertraulichen Gespräche, die die beiden in all den Monaten so oft miteinander geführt hatten.«

Nana hat ihre Entscheidung gefällt. Nach 16 Chemotherapiezyklen, 34 Bestrahlungen, 2 Operationen und einer Schmerzbelastung, die sogar im Krankenhaus

nicht mehr kontrollierbar ist, weiß Nana, was jetzt der richtige Schritt für sie ist. Chris hat sie sich schon erklärt. Eine große Hürde steht jetzt noch bevor. Doch nicht ohne Silkes Unterstützung:

> *Das Gespräch mit Nana war nicht das Schwerste. Ich hatte nicht sagen müssen: Nana, es ist soweit. Das hätte ich mir auch niemals angemaßt! Sie selbst hat es gespürt und brauchte mich nur als eine Art Vehikel. Aber dann bat sie mich um etwas, womit sie mich mal wieder in ihrer Klarheit überraschte: ›Und jetzt redest du noch mit meinen Eltern.‹«*

Nana wusste, wie schwer das Gespräch mit ihrer Mutter und ihrem Vater werden würde. Besonders mit Axel, aber auch mit Barbara, obwohl Nana sich mit ihr über so vieles ausgetauscht hatte. Silke hofft, dass Barbara etwas von der Absprache zwischen Nana und Silke ahnt, selbst wenn sie es nie formuliert hat. Zudem ist sie davon überzeugt, Nanas Mutter habe sich mit all diesen Fragen befasst: Was passiert bei einem Therapieabbruch? Wie begleitet man sein sterbendes Kind zu Hause?

Silke bereitet sich geistig auf den Moment vor: Der Mutter würde es zwar den Boden unter den Füßen wegziehen, aber würde es sie auch komplett aus dem Nichts treffen? Zunächst jedoch sind Silke, Barbara und Axel mit einem ganz profanen Problem beschäftigt: Wo finden sie einen Raum, in dem sie in Ruhe sprechen können?

Es ist Silvester. Die Station ist voller Besucher, der Aufenthaltsraum mit vielen Menschen besetzt. Spazieren gehen möchten die Eltern nicht, speziell wegen des regnerischen Matschwetters. So sieht Silke keine andere Möglichkeit:

Nana mit brauner Perücke im April 2011, fotografiert von Conny Stein:

»Nana hatte so viel Kraft! Ich dachte lange: Die macht den Krebs einfach platt, fährt wie mit einem Lkw darüber hinweg. Nana hat alle Zeit der Welt ...«

> Ich saß mit den Eltern mangels anderer Sitzgelegenheiten in diesem scheußlichen Aufenthaltsraum. Das Gespräch verlief genau so, wie ich es mir gedacht hatte: Nanas Mutter war erwartungsgemäß geschockt, aber eigentlich formulierte ich nur das, was sie schon in sich trug. So lautete ihre spontane Reaktion: ›Ich tue das für mein Kind. Es ist so schwer, es tut so weh, aber es ist richtig.‹ Gleich darauf folgte ihre Frage: ›Hilfst du mir?‹
>
> Beim Vater war es ganz anders. Durch die klare und völlig richtige Rollenteilung fehlten ihm all die schockierenden Erlebnisse, die bei Barbara zum Loslassen führen konnten. Oft genug hatte sie gedacht: ›Ich möchte nie wieder, dass mein Kind so aussieht. Dass es so vor Schmerzen schreit.‹ Der Vater hatte diese Vorbereitung nicht. Natürlich war er immer involviert, aber eben nicht so nahe dran. Natürlich hat er sich damit auseinandergesetzt, dass sein Kind sterben könnte. Aber so konsequent, wie sich die Mutter in den 15 Monaten unter der Therapie von ihrer Tochter verabschieden konnte, hatte er das nicht durchlebt.«

Axel:

»Das Schlimmste in dieser Situation war nicht Nanas Entscheidung, die ich absolut verstehen konnte, sondern das damit verbundene Aufgeben aller meiner Hoffnungen. Was bis heute leider mein Leben bestimmt.«

Silke ist ratlos. Wie sollte sie Axel vermitteln, dass keinerlei Hoffnung auf Heilung besteht? Schließlich kann sie sich ja nicht absolut sicher sein, dass Nanas Entscheidung die richtige ist. So entgegnet sie lediglich: »Axel, das musst du jetzt akzeptieren, so hart wie es ist. Das ist klug von deiner Tochter. Bei allem, was ich weiß und gesehen habe, kann ich sagen, dass es das einzig Wahre ist. Nur Nana kann beurteilen, wie es sich anfühlt. Und wenn sie sagt, sie will nach Hause, dann müsst ihr diesen Weg gehen.« Dass Axel sich so schwer mit der Entscheidung tut, liegt mit daran, dass man Nana in Großhadern trotz massiver Verschlechterung weitere Therapien in Aussicht gestellt hat. Ihn quält die Frage, ob die Schulmedizin nicht doch noch Hoffnung in sich birgt.

Wie sich im Nachhinein herausstellen wird, ist Nanas Körper zu diesem Zeitpunkt bereits vollständig von Metastasen durchsetzt. Sie weiß und spürt, dass

ihr keiner mehr helfen kann. Die behandelnden Ärzte planen dennoch, am 2.1.2012 mit einer Chemotherapie in Kombination mit einer sogenannten Hyperthermiebehandlung zu beginnen. Doch Nanas Entscheidung steht fest, so Chris:

> *Als sie gemerkt hat, die bieten ihr jetzt diese zwei Möglichkeiten an, die bisher in Deutschland zwei- oder dreimal getestet worden waren, klang das wie ein Experiment. Da hat sie gewusst, sie will nicht allein im Dunkeln auf der Intensivstation sterben, sondern zu Hause bei uns. Weil sie diesen Scheißladen einfach gehasst hat. Das ist auch kein Wunder. Man hört ja, wie es da drin aussieht, nur macht man sich keine Vorstellung davon, wie es wirklich ist.«*

Jetzt heißt es, Nanas Wunsch, den sie von Anfang an artikuliert hat, zu erfüllen: »Wenn es sein sollte, dann müsst ihr mich irgendwie heimkriegen.«
Gleich nachdem er von seinen Eltern informiert worden ist, fährt Nanas Bruder Michael mit seiner Freundin Sabrina ins Krankenhaus:

> *Obwohl ich nicht bestreiten will, dass sie noch viele tolle, geniale und auch glückliche Momente hatte, war es das erste Mal in diesem Jahr, dass ich bei ihr wieder einen guten, zufriedenen Gesichtsausdruck gesehen habe. Sie war glücklich mit ihrer Entscheidung. Sie wusste, dass sie jetzt aufhören und in Ruhe gehen durfte – und das allein aus sich heraus, ohne irgendwelche Verpflichtungen ihrer Familie gegenüber.«*

Schließlich kann auch Axel Nanas Entscheidung annehmen:

> *Ja, es ist mir schwergefallen. Aber das war meine eigene Befindlichkeit, die musste ich erst hinten anstellen. Man gibt eben einfach die Hoffnung nicht auf, bis zum Ende – sogar auf so etwas Unwahrscheinliches wie eine Spontanheilung!«*

> » *Nana hatte abgeschlossen, sie war die Einzige, die das wirklich entscheiden konnte. Hätte ich versucht, sie von anderem zu überzeugen – das wäre nicht fair gewesen. Und es hätte den Prozess, den sie für sich geplant hat, gestört.«*

April 2011: Nana als Braut. Auf ihrem Kopf: ein alter Vorhang, der zum Tischläufer bei Oma wurde und schließlich in Barbaras Stoffsammlung wanderte.

Silke, die seit vielen Jahren in einer Klinik arbeitet, ist das Dilemma dieser ausweglosen Situation nicht fremd:

> » *Ärztliches Ziel ist primär die Heilung, dafür haben wir ja studiert. Bisweilen kann dieses Grundverständnis speziell in der Onkologie zu einem Nicht-auf-hören-können führen. Man befindet sich geradezu in einer Art Maschinerie. Wenn es aber irgendwann nicht mehr nur um Heilung geht, stellt sich die Frage: Wie gestalte ich die restliche Zeit? Gefesselt an eine Therapie oder frei im gewohnten Lebensumfeld?*
> *Diesbezüglich ist Nana ein Paradebeispiel im Erlernen der Bereitschaft aller, die verbleibende Zeit eines Menschen bereichernd zu nutzen.«*

Nana & Chris – will you?

> » *Aus unserer Hochzeit ist leider nichts geworden, weil Nana immer gesagt hat, sie möchte das erst, wenn sie sich wieder schön fühlt. Verlobt haben wir uns in einem Moment, in dem sie sich wahrscheinlich am hässlichsten gefühlt hat. Recht viel Zeit hatte ich nicht mehr, deshalb musste es ganz schnell sein.«*

Während Axel und Barbara durch Silke von Nanas finaler Entscheidung erfahren, trifft auch Chris eine Entscheidung:

>> *Als wir uns wieder ein bisschen gefangen hatten, habe ich Nana gefragt, ob sie mich heiraten will. Sie hat sich das immer gewünscht! Das tat dann schon weh, weil es eigentlich etwas ist, worüber du dich freuen solltest. Auch ihr ist eigentlich erst da bewusst geworden, was das heißt, und sie hat angefangen, über ihre Wünsche und Träume zu reden, die sie noch hatte – und die jetzt weg sind.«*

Als Barbara und Axel, die Nanas Entscheidung einvernehmlich mittragen wollen, ins Krankenzimmer zurückkehren, werden sie von der spontanen Verlobung überrascht. Trotz der tragischen Umstände kann sich Barbara freuen:

>> *Ich wusste ja, dass das ihr Herzenswunsch war. Irgendwo war natürlich gleich im Kopf: Wie kriegt man das organisiert, es feierlich zu begehen, vielleicht sogar mit Ring? Ich finde es wunderbar, dass Chris sie gefragt hat. Es war ja nicht ihre, sondern seine Initiative. Sie war darüber wirklich richtig glücklich.«*

Altjahrsabend

Zehnter Stock. Ein Fenster, fast bis zum Boden. Davor eine einzelne Sitzbank. Ein einfaches Metallgestell mit vier abgewetzten roten Holzsitzen. Es ist der Flur vor der Onkologie. Auf der einen Seite die Fensterfront, gegenüber der Eingang zur Station, rechts das Treppenhaus, links die Aufzüge. Unten der riesige Parkplatz, bei schönem Wetter kann man von der anderen Seite aus die Alpen sehen. Heute spült Regen die letzten Schneereste weg.

Als die Glocken läuten und über der Silhouette des mitternächtlichen Münchens Feuerwerkskörper und Raketen explodieren, beginnt ein neues Jahr, und ein altes geht zu Ende. Der Moment zum Innehalten, in dem man Vergangenes Revue passieren lässt und gespannt auf Zukünftiges wartet.

Aber ... worauf freut man sich in der Gewissheit eines allerletzten Jahreswechsels? Was soll man sich vornehmen für das Kommende, welche Vorsätze fassen?

Nana trauert an diesem Silvesterabend um all das, was sie nicht mehr erleben würde und worauf sie sich so sehr gefreut hatte. Barbara führt mit Nana erst im Ktankenzimmer und dann später auf der Bank im Flur wichtige Gespräche:

>> *Nachdem alle anderen gegangen und nur noch wir beide zusammen waren, redeten wir ganz offen. Es gab nichts mehr zu verstecken oder auszugrenzen. Viel Zeit blieb uns nicht, obwohl ich zu dem Zeitpunkt noch von Wochen ausgegangen bin – und nicht von Tagen. Und so hatte der Abend viele konstruktive Seiten, denn wir mussten uns ja der neuen Herausforderung stellen: Nanas Abschied so schön wie möglich zu gestalten.«*

Barbara:

»Als ich kurz nach Nanas Diagnose an einem schönen föhnigen Wintermorgen im Aufenthaltsraum des zehnten Stocks in Großhadern stand und dank grandioser Sicht die Alpspitze im Zugspitzgebiet deutlich erkennen konnte, beschloss ich spontan: Wenn das hier alles ein gutes Ende findet, gehe ich zum Dank hinauf auf die Alpspitze! Ich habe diesen Fernblick in den Monaten danach noch oft genossen – wusste aber: Ich werde nicht gehen.«

Die unerfüllten Wünsche

Besonders traurig macht Nana die Tatsache, dass sie die geplante Ausbildung in der Make-up-Schule nicht mehr absolvieren kann. Das erste Mal in ihrem Leben hatte sie einen Beruf entdeckt, der für sie aus tiefstem Herzen vorstellbar war. Bei allen anderen Optionen hatte sich diese Sicherheit nie eingestellt. Barbara vermutet, Nana hätte sich das ohne ihre Erkrankung auch nicht eingestanden:

>> *Wahrscheinlich hätten sie Überlegungen davon abgehalten wie: als Visagistin arbeiten? Als Hobby vielleicht, aber doch nicht als Beruf! Ich muss doch was studieren! Und dabei hat es ihr so viel Spaß gemacht. Sich davon verabschieden zu müssen, diesen Beruf nicht erlernen zu können, das hat ihr wehgetan. Und natürlich das Thema Ehe, Familie, Kinder. Es war jetzt endgültig: Nana würde kein Kind hinterlassen. Das sorgte an diesem Silvesterabend für viele Tränen. Doch eins erfüllte sie wirklich mit einem Glücksgefühl. Sie war jetzt eine Braut: ›Ich sterbe, wenn schon nicht verheiratet, dann doch als Verlobte.‹«*

Weitere Planungen werden in diesen Stunden nur ganz kurz gestreift. Beide wissen zwar, dass es vieles zu regeln gibt, doch Nana meint: »Mama, das machen wir beide dann in aller Ruhe, wenn wir zu Hause sind.«

Trotzdem bittet Nana ihre Mutter an diesem Abend um einiges, was ihr sehr am Herzen liegt: Sie sorgt sich um Chris, wünscht sich, dass Barbara sich um ihn kümmert und auf ihn aufpasst. Außerdem ist ihr wichtig, dass die finanzielle Unterstützung für ihr afrikanisches Patenkind weiterläuft. Die Patenschaft für den Jungen hatte Nana erst in ihrer Krankheitszeit übernommen, als bereits in der Schwebe war, ob sie je eigene Kinder haben würde. Nana fragt, ob Barbara damit einverstanden sei, wenn sie den kleinen Jungen »erbe«.

Das und vieles andere bestärkt Barbara in der Überzeugung, dass Nana sich schon sehr lange und ernsthaft mit ihrem Tod auseinandergesetzt hat: »Sie hat so vieles angesprochen, und das in einer solchen Klarheit und Präzision. Und dazu die entsprechenden Vorbereitung getroffen.«

Silke, die an diesem Tag die Klinik mit einem unguten Gefühl verlässt, ist in der Nacht unruhig. Sie hätte Nana und Barbara ein Silvester in der Klinik gerne erspart:

November 2011. Am Vormittag Bestrahlung; München im Nebel. Am Nachmittag spontaner Ausflug von Mutter und Tochter auf die Zugspitze; strahlende Sonne, fast 200 Kilometer Fernsicht.

》》 *Wenn es um die Frage geht, was zu optimieren gewesen wäre, dann kämpfe ich mit nur einem einzigen Punkt: dass Nana nicht gleich nach ihrer Entscheidung entlassen werden konnte. Aber dadurch, dass es Silvester war und wir an diesem Tag keinen verantwortlichen Arzt erreicht haben, wäre zu dem Zeitpunkt eine Entlassung mit adäquater Versorgung zu Hause leider nicht organisierbar gewesen. Dank eines netten Pflegers wurde zumindest vorab schon mal das Palliativteam informiert.*

Insofern war ich sehr erleichtert, als mir Nanas Mutter am 1. Januar am Telefon erzählte: ›Es war gut. Wir haben zwei schöne Lebensstunden beim Feuerwerk verbracht und ganz wichtige Dinge miteinander besprochen.‹ So hatte ich das Gefühl, dass diese letzten, eigentlich unnötigen Tage in der Klinik nicht ganz umsonst waren. Nicht nur geklaute Lebenszeit.«

Nach dem Feuerwerk gehen beide ins Bett. Barbara wurde gestattet, während Nanas Aufenthalt in ihrem Zimmer zu übernachten, da Nana allein liegt und keine Mitpatientin das Bett benötigt. Das allererste Mal in 15 Monaten darf die Mutter bleiben. Schlafen aber kann sie nicht. Nicht nur wegen der Trauer über die gefällte Entscheidung. Es ist die konkrete Angst vor dem, was jetzt kommt. Barbara will Nana den letzten Wunsch der Heimkehr unbedingt erfüllen. In dieser Nacht fragt sich Barbara aber, ob das überhaupt realisierbar ist:

» *Zu dem Zeitpunkt hatte ich noch keine Information darüber, wie groß die Unterstützung des ambulanten Palliativteams tatsächlich sein würde. Wäre ich mir dessen bewusst gewesen, hätte ich Nanas Heimkommen sehr viel entspannter entgegengeblickt. Ihre Wirbelsäule beispielsweise war ja schon Monate zuvor brüchig. Wie sah sie jetzt nur aus? Was, wenn wir zu Hause mit einer Wirbelfraktur, einer Querschnittslähmung konfrontiert wären? Wenn die Schmerzen unbeherrschbar blieben und auch daheim keine Anpassung der Dosierung möglich wäre? Unser Haus hat viele Treppen – wie lange würde Nana sie bewältigen können? Und, ganz banal: Woher kriegen wir so schnell einen Rollstuhl, einen Toilettenstuhl, vielleicht ein Pflegebett? Ich machte mir große Sorgen, dass ich meiner Tochter zu viel versprochen hatte und das gar nicht würde einhalten können.«*

Bis Nana nach Hause gehen kann, vergehen zwei weitere lange Tage. Dennoch findet im Krankenhaus eine spürbare Veränderung statt: Mit Nanas Entscheidung wechselt der Verantwortungsbereich. Zuständig ist jetzt die Palliativmedizin, in Nanas Fall die SAPV (Spezialisierte Ambulante Palliativversorgung).

Der zuständige Konsilpalliativmediziner, Dr. Marcus Schlemmer, macht sich persönlich ein Bild von der Familie, um daraufhin das Betreuungsteam passend zusammenzustellen. Silke ist heute noch erstaunt über die Schnelligkeit:

»» *Daran lässt sich ein Wechsel in der Wertigkeit des Lebens ablesen:*
Man besucht gleich in der Früh seine Patientin, denn ihr bleibt vielleicht
nur noch der nächste Tag. Mit Hochdruck wurde an Lösungen gearbeitet, rasch
wurden Team und Schmerzpumpe organisiert. Das war Glück. Glück im Unglück.
Das Palliativteam hatte genau das gleiche Gespür.«

Info: Palliative Care

Nach Definition der Weltgesundheitsorganisation (WHO) von 2002 ist »Palliative Care« ein Versorgungskonzept zur Verbesserung der Lebensqualität von Patienten und ihren Familien, die von einer lebensbedrohlichen Krankheit betroffen sind. Schmerzen und andere Probleme physischer, psychosozialer und spiritueller Natur werden frühzeitig erkannt und behandelt. So wird Leiden gelindert. Die Ärzte und Pflegekräfte durchlaufen eine Zusatzausbildung zu ihrer eigentlichen Qualifikation und bringen viel Erfahrung in ihrem Fachgebiet und insbesondere in der ambulanten Versorgung mit.

Bei der SAPV geht es in erster Linie um die Betreuung besonders schwer betroffener Patienten, die unter komplexen Symptomen leiden. Ziel ist, dass die Patienten unter bestmöglicher Symptomkontrolle auch bis zum Versterben zu Hause bleiben können.

Pallium kommt aus dem Lateinischen und heißt »Ummanteln«. Dies schließt nicht nur den Patienten, sondern auch die Angehörigen mit ein und ist Teil des ganzheitlichen Ansatzes. In enger Zusammenarbeit mit dem Hausarzt und anderen beteiligten Diensten werden die auftretenden Symptome (wie Schmerzen, Atemnot oder Panik) behandelt und gelindert. Im Unterschied zur AAPV (Allgemeine Ambulante Palliativversorgung), die vom Hausarzt und Fachdiensten erbracht wird (etwa Pflegediensten), ist für die SAPV eine Verordnung des behandelnden Arztes zwingend. Die Finanzierung erfolgt durch die Krankenkassen.

(Mit freundlicher Genehmigung des Ambulanten Palliative Care Teams des IZP, Klinikum Universität München)

Eine weitere Überraschung erlebt Barbara an diesem Morgen, als Dr. Marcus Schlemmer sie gleich mit den Worten »Das schaffen wir!« in den Arm nimmt. Barbara bewegt diese Geste. Vielleicht auch, weil sie zum ersten Mal einen solchen emotionalen Kontakt von einem Mediziner in diesem Haus erfährt.

» *In diesem Moment habe ich gewusst, dass es gut wird. Mit der Wärme, die Dr. Schlemmer ausstrahlte, der Herzlichkeit und dem aufrichtigen Interesse nahm er mir augenblicklich meine Ängste der vergangenen Nacht. Sofort war tiefes Vertrauen da – das ja auch voll und ganz erfüllt werden sollte!«*

Das lag natürlich auch an den Teammitgliedern des ambulanten Palliativteams, die Dr. Schlemmer für Nanas Betreuung zu Hause hinzuzog. Schwester Conny bringt neben ihrer Professionalität sehr viel Klarheit mit, worin sich Nanas

---

Info: Schmerzpumpe

Eine Schmerzpumpe ist ein elektronisches Gerät, das dem Patienten kontinuierlich eine bestimmte Menge seines individuellen Schmerzmittels zuführt. Dafür wird das Gerät mit einer Kartusche gekoppelt, die das Medikament enthält. Die Pumpe selbst kann – wie in Nanas Fall – mit einem Schlauch über den Port des Patienten verbunden sein. In einer Schutztasche lässt sich das Gerät mit Hals- oder Bauchgurt überallhin mitnehmen.

In Abstimmung mit dem behandelnden Arzt kann festgelegt werden, welche Menge über 24 Stunden regelmäßig zugeführt wird bzw. ob, wie oft und in welcher Menge der Patient bei Schmerzspitzen sich selbst durch Knopfdruck eine zusätzliche Schmerzmitteldosis verabreichen kann. Die Geräte sind so konzipiert und programmiert, dass eine versehentliche Falschbedienung oder eigenmächtige Änderung der Dosis durch den Patienten oder eine ihn pflegende Person ausgeschlossen ist. Dank der engmaschigen Betreuung durch das spezialisierte ambulante Palliativteam mit 24-Stunden-Rufbereitschaft ist jederzeit telefonisch bzw. vor Ort eine eventuell nötige Anpassung der Schmerzmitteldosierung möglich.

Sicht spiegeln konnte. Und der junge Arzt Dr. Berend Feddersen, der bei den Stäckers zu Hause für Nana zuständig sein wird, hätte mit seiner fröhlichen und humorvollen Art nicht besser zu Nana passen können. Auch wenn es für den Mediziner durchaus eine spezielle Situation und Herausforderung war:

> *Ich habe immer nur gedacht, es ist so schade, dass man sich erst jetzt kennenlernt. Natürlich ist es unser Beruf, Patienten zu begegnen, deren Ende vorbestimmt ist; die Zeit der Begleitung ist unterschiedlich lang. Bei Nana habe ich gemerkt, wie schade es ist, dass sie derart kurz war. Kurz – und intensiv. Man hätte gerne mehr voneinander gewusst und noch mehr miteinander geredet. Deshalb fand ich es auch so schön, dass die Familie uns Nanas Zimmer gezeigt hat, als sie schon verstorben war. Mir persönlich war das ganz wichtig, und ich konnte besser verstehen, wie Nana vor ihrer Krankheit war.«*

Silke:
»Ihre letzten Tage zu Hause waren das größte Geschenk, was man Nana machen konnte.«

Dr. Feddersen lernt Nana noch im Krankenhaus kennen und ist überrascht von ihrer Entschiedenheit. Eigentlich wollte er dort noch die Schmerzeinstellung vornehmen.

> *Nana machte mir ganz schnell klar, dass es für sie überhaupt keine Option ist, noch länger zu bleiben, sondern dass es nach Hause geht. Und dann wusste ich: Okay, es geht nach Hause!«*

Zuvor haben sich Nana und Barbara die Palliativstation in Großhadern angesehen. Hier erleben sie einmal mehr Überraschendes: Das Klinikum hat auch angenehme Räumlichkeiten. Freundliche Farben, größere Räume, ein warmer Parkettboden. Sogar die Betten sind aus Holz, das Bettzeug lilafarben bezogen. Alles wirkt ruhig hier, friedlich, gedämmt. Rückzug finden Patienten und Angehörige im »Raum der Stille«, einem Zimmer mit einfachen Holzhockern und einem weißen Tuch an der Stirnseite, auf das sich Farbspiele projizieren lassen. Wie sehr hätten sich Nana und ihre Familie in diesem jetzt ausklingenden Jahr eine solche Atmosphäre gewünscht!

Nana sagte: »Mama, wenn wir es daheim nicht schaffen – hier könnte ich es mir vorstellen.« In der Gewissheit, einen Ort gefunden zu haben, der als Alternative für ihren letzten Weg zu Hause in Frage kommt, fährt Barbara Nana mit dem Rollstuhl zurück in ihr Zimmer auf der Krebsstation. Über eines wundert sich Barbara dabei bis heute:

> *Nach Nanas Entscheidung haben wir bis auf die sehr engagierten Palliativleute kaum mehr jemanden gesehen, obwohl wir noch zwei volle Tage in der Klinik waren. Mag sein, dass ich mir das einbilde, aber es kam mir vor, als würde man uns meiden. Am Nachmittag des 2. Januar sollte Nana die Station für immer verlassen, war bis 16 Uhr aber immer noch nicht offiziell entlassen worden. Irgendwann wollte sie nicht mehr warten. Also fuhr ich sie im Rollstuhl aus dem Zimmer, während Axel das Auto holte.*
>
> *Wir haben den ganzen Weg über den Flur keinen Menschen getroffen, obwohl dort sonst immer eifrige Betriebsamkeit herrschte. Alles wirkte – so merkwürdig es klingen mag – richtiggehend ausgestorben. Niemand verabschiedete sich von uns.*
>
> *Es ist sicher nicht einfach, die richtigen Worte zu finden für eine Patientin, die zum Sterben nach Hause geht. Die üblichen Floskeln wie ›Auf Wiedersehen‹ oder ›Mach's gut‹ erscheinen einem da ja eher unpassend. Aber Nana hätte es sicher gut getan, wenn ihr jemand ›viel Kraft‹ oder einen ›guten Weg‹ gewünscht hätte. Wahrscheinlich ist ihr so der Abschied umso leichter gefallen. Auch als ich Nana im Rollstuhl durch die große Glastür im Foyer hinaus in die Dunkelheit des Januarabends schob – Axel wartete vor der Tür bereits mit dem Wagen –, trafen wir auf niemanden. Selbst an den sonst immer bevölkerten Raucherstellen stand kein Mensch. Es war gespenstisch.«*

Barbara:
»Nana sagte beim Verlassen des Klinikums mit einem unglaublich erleichterten Gesichtsausdruck: ›Und hier muss ich nie wieder rein!‹«

Nana fährt heim. Endgültig. Sie schreibt am 1. Januar 2012 an Sandra Kader:

> *Meine liebste, allerliebste Sandra, ich schreibe dir gerade aus dem Krankenhaus. Ich werde jetzt keine weiteren Therapien mehr machen. Ich habe keine Kraft mehr... Über ein Jahr ist einfach zu lang, und die Aussichten, dass ich bei irgendeiner Therapie wieder gesund werde, sind einfach ein Witz. Ich ertrage diese ständigen Schmerzen nicht mehr. Und ich will keine Untersuchungen und Chemotherapien und den ganzen Scheiß mehr.*
> *Ich habe mich entschieden, dass es das Beste ist, zum Sterben nach Hause zu gehen. Die Ärzte sind auch dieser Ansicht, sie können mir keine weiteren Therapien mehr anbieten. Ich hab den scheiß Kampf einfach verloren :- (*
> *Ich weiß nicht, wie es mir die nächste Zeit daheim gehen wird, aber vielleicht sehen wir uns noch mal, das wäre schön... Ich hab dich sehr, sehr lieb.«*

SMS von Nana an Sandra Kader (1.1.2012):
»Oh meine Liebe, es ist wirklich so schrecklich. Ich will nicht weg von euch allen!«

Nana – eine weitere Krebspatientin, für die es keine Heilung gibt. Welche Empfindungen weckt das bei Menschen, deren Beruf das Heilen ist? Serap Tari von lebensmut e. V. in Großhadern beschreibt einen emotionalen Konflikt:

> *Gerade bei so einer jungen Person wie bei Nana kann es auch für einen erfahrenen Arzt schwieriger sein, als wenn ein alter Mensch mit viel Geschichte geht. Dazu hängt es möglicherweise davon ab, wie viel Kraft der Arzt oder die Ärztin in dem Moment hat, sich einzugestehen: ›Ich habe es nicht geschafft, diesen jungen Menschen am Leben zu halten.‹ Allerdings sollte jemand, der in dieser Situation keine Worte findet, keinesfalls auf Biegen und Brechen nach Worten suchen, die dann möglicherweise nicht passen.«*

Serap weiß, dass man allein schon mit Gesten sehr nahe bei Menschen sein kann. Damit könne man auch ein Schweigen aushalten, wenn die Worte fehlen.

Natürlich, so Serap weiter, gebe es kein allgemeingültiges Muster dafür, wie man sich am besten verhält, wenn ein Abschied im Raum steht. Allerdings:

>> *Das Erkennen dessen ist wichtig, es zuzulassen. Dann kann eine Stimmung entstehen, die ganz besonders ist, auch ohne Worte.«*

Nana am 3.1.2012:
»Ich hätte gerne einen schwarzen Sarg. Wenn möglich glänzend und innen lila. Sollte es keinen in Schwarz geben, würde auch ein weißer gehen. Aber Schwarz wäre mir lieber.«

Coming home

Eine 21-jährige Frau wartet zu Hause im Kreis ihrer Familie auf den Tod. Wie muss man sich das vorstellen? Wird dort den ganzen Tag geweint? Liegt pure Verzweiflung über allem? Verfällt die Todgeweihte in Lethargie?

»Sleeping Sun« von Nightwish

The sun is sleeping quietly

Once upon a century

Wistful oceans calm and red

Ardent caresses laid to rest

For my dreams I hold my life

For wishes I behold my night

The truth at the end of time

Losing faith makes a crime

I wish for this night-time

To last for a lifetime

The darkness around me

Shores of a solar sea

Oh how I wish to go down with the sun

Sleeping

Weeping

With you

Sorrow has a human heart

From my god it will depart

I'd sail before a thousand moons

Never finding where to go

Two hundred twenty-two days of light

Will be desired by a night

A moment for the poet's play

Until there's nothing left to say

I wish for this night-time

To last for a lifetime

The darkness around me

Shores of a solar sea

Oh how I wish to go down with the sun

Sleeping

Weeping

With you

Song der Gruppe Nightwish. Text und Musik: Tuomas Holopainen.
© Published by Edition Drakkar

Silke Seitz, die mit Nana seit dem Silvestertag zwar häufig telefoniert, sie aber nicht mehr gesehen hatte, kommt am 3. Januar zu Besuch – und erlebt eine große Überraschung:

Nana:

»Ich fände es schön, wenn mein Zimmer vorerst so bleibt, wie es ist. Und nach einiger Zeit entscheidet ihr dann, was ihr daraus machen wollt.«

Da saß so ein komplett anderer Mensch, dass ich mich einen Moment lang erschrocken fragte, ob das mit dem Therapieabbruch wirklich die richtige Entscheidung war! Silvester noch befürchtete ich, Nana stirbt jetzt, in den nächsten Stunden. Und dann sitzt sie da zu Hause auf dem Sofa. Geschminkt, lächelnd, befreit. Und ruft mir fröhlich zu: ›Hallo, Silke!‹«

Nana, die wegen des hohen Tumorfiebers stark schwitzt, hat es sich im T-Shirt im Wohnzimmer bequem gemacht und surft zusammen mit Chris im Internet. Das Paar sucht nach Verlobungsringen. Silke empfindet eine schöne, gelöste Stimmung im Hause Stäcker.

Nanas Regenbogen in den Himmel. Die spätere Vorderseite ihres Sterbebildchens hatte Barbara beim letzten gemeinsamen Urlaub in Südtirol aufgenommen.

> *Eine selige Ruhe war im Haus. Die Eltern, auch der Vater zeigten sich im*
> *Einvernehmen mit der Situation. Es führte zu einer regelrechten Entfaltung*
> *rund um die Frage: Was können wir für dich tun? Nana wirkte wie eine Prinzessin*
> *auf dem Sofa. Wie die Bienenkönigin, die alle umschwirren.«*

Möglich macht das zu einem nicht unerheblichen Teil die Schmerzpumpe, Nana ist gut mit Morphin aufgesättigt. Sie zeigt sich in jeder Hinsicht sehr stabil.
Wie in der Klinik an Silvester besprochen, nutzen Mutter und Tochter am 3. Januar die nun herrschende Kraft zur Klärung der letzten Dinge und ziehen sich in Nanas Dachzimmer zurück.

SMS von Nana an Sandra Kader:
»Liebe ist so ein starkes Band,
das durch nichts getrennt werden
kann, nicht mal durch den Tod.
Ihr seid alle in meinem Herzen,
und ich werde immer bei euch sein,
egal wohin ich gehe.«

Die erfüllten Wünsche

Systematisch gehen die beiden alle Punkte durch: Was soll mit Nanas Schmuck passieren? Was wünscht sie sich für das Begräbnis? Zunächst teilt Nana ihre Schmuckstücke in das, was sie gerne selbst im Sarg tragen möchte. Und bestimmt dann, wem sie welches Stück schenken möchte.
Über ihre Beerdigung hat sich Nana schon lange Gedanken gemacht. Auf keinen Fall in der Kirche! Statt einer ritualisierten Zeremonie im Rahmen eines standardisierten Gottesdienstes wünscht sie sich eine individuelle Feier mit Raum für ihre Persönlichkeit. Eine besonders schreckliche Vorstellung für sie: Ein Pfarrer würde an ihrem Grab etwas über Schuld und Sünde erzählen. Viel muss sie dazu nicht erläutern, denn: »Das weißt du, Mama, darüber haben wir schon oft geredet.« Dafür zeichnet sie ein exaktes Bild des Ablaufs: Pompös soll es werden, mit einem schwarzen Lacksarg und in einem Meer pinkfarbener Blumen. Und alle sollen heulen! Eines ihrer Statements lautet: »Im Zusammenhang mit meiner Beerdigung könnt ihr den Begriff ›schlicht‹ voll vergessen!«

Alle werden in wenigen Tagen alles tun, um Nana diesen Wunsch zu erfüllen. Mit einem überrascht Nana Barbara:

Nanas Fotograf Ron Maass:
»Nana hat vor Augen, dass sie sterben wird, und tut so, als ob das nicht existiert. Wie schafft sie das?«

》》 Bei der Frage nach der Musik kam schlagartig: Jimi Hendrix, ›Little Wing‹. Das Lied war vorher nie ein Thema, aber Nana muss sich damit beschäftigt haben. ›Und als Zweites?‹, frage ich, ›man braucht ja sicher noch eins?‹ Darauf sie: ›Es gibt zwei, die sehr schön sind. Das eine ist von Nightwish: Sleeping Sun. Und das andere: My Immortal von Evanescence.‹ Sie wollte sich nicht festlegen, sondern meinte: ›Mach du das dann. Du weißt doch, was mir gefällt.‹ Wir haben uns später für Nightwish entschieden (Seite 127).《

Nana wählt ein Foto von Ron Maass als Sterbebild aus – das Cover dieses Buches. Nur beim Motiv für die Vorderseite ist sie unschlüssig. »Wie wäre es mit dem Regenbogen aus Südtirol aus dem letzten Urlaub?« schlägt Barbara vor.

》》 Wir saßen nach einem Gewitter auf dem Balkon, als dieses Farbenspiel vor uns lag. Zwischen einer bewaldeten Anhöhe und den konturenhaften Alpen traf ein massiver bunter Strahl aus den Wolken auf den Hang. Das Lichtband hatte nicht die übliche runde Form eines Regenbogens, sondern war annähernd gerade, als wäre es eine Rampe in den Himmel. Beim Abdrücken dachte ich noch: ›Das wäre doch was für ein Sterbebild.‹ Nana ist mit dem Vorschlag sofort einverstanden: ›Genau, das passt supergut, das nehmen wir.‹《

Ruhig, abgeklärt konzentriert sich Nana auf das Gespräch, macht sich Notizen, auch wenn ihre Schrift durch das Morphin schon ungelenk ist. Barbara ist dankbar für diese Stunden, erleichtern sie doch die Vorbereitung der Trauerfeier:

> *Da hatte ich die Gewissheit, das können wir so entscheiden, und musste mich nicht fragen, ob das wohl jetzt ihren Geschmack getroffen hätte.«*

Zwei Dinge sind am Ende des Nachmittags noch offen. Zum einen, was Nana anziehen wolle. Nana kann das nicht gleich beantworten, trägt sich diesen Punkt aber in eine To-do-Liste in ihrem Notizbüchlein ein. Und dann äußert Barbara noch einen ganz persönlichen Wunsch. Ob Nana ihr ein paar Zeilen schreiben könne? Einen Brief für die Tage, an denen es Barbara schlecht gehen würde und Nanas Worte ihr Halt geben könnten. Auch das notiert sich Nana mit dem festen Vorsatz, ihrer Mutter diese Zeilen zu hinterlassen.

Nanas Kladde mit dem goldfarbenen Blumenmuster liegt auf ihrem Schreibtisch. Zwei Punkte auf ihrer Liste hat sie noch nicht geschafft. Die werden sie in ihren letzten Stunden beschäftigen.

SMS von Nana an Sandra Kader:
»Schmerzmittel sind mittlerweile super eingestellt, es kommen immer wieder Leute zu uns ins Haus, um zu schauen, wie es läuft. Die sind auch ganz lieb. Läuft alles gut hier.«

Kurz bevor die beiden wieder hinunter zu den anderen gehen, möchte Barbara wissen, was aus Nanas Zimmer werden soll. Erst einmal unverändert lassen, wünscht Nana sich – und dass Chris noch länger darin wohnen bleibt. So kommt es dann auch. Barbara sagt dazu:

> *Chris kann so lange bleiben, wie er das möchte. Er ist bei uns zu Hause – und das nicht nur, weil Nana uns darum gebeten hat. Er ist ein Teil der Familie geworden, und wir finden es schön, dass er jetzt, einige Monate nach Nanas Tod, noch immer bei uns lebt.«*

Für ihr Zimmer hat Nana eine weitere Vorstellung. Das Studio unter dem Dach könnte doch so eine Art Familienzimmer werden:

> *Wenn ihr mir nahe sein wollt, setzt euch hierhin. Hier bin ich auch, hier können wir zusammen sein. Das ist unser Treffpunkt.«*

Barbara ist heute oft hier oben, zwischen all den Dingen, die Nana so geliebt hat. Und ist ihrer Tochter ganz, ganz nahe.

Wie richtig es war, dieses sachliche Gespräch gleich zu Anfang des Daheimseins zu führen, zeigen die kommenden Tage. Je nach Schmerzbelastung und entsprechender Morphingabe ist Nana sehr schläfrig, auch wenn sie ihre Dosis nicht voll ausschöpft. Sie will immer noch wach genug sein für ihre letzte Zeit und ist sich bewusst, dass sie hierfür ein gewisses Maß an Schmerz ertragen muss. Für Dr. Berend Feddersen ist es erstaunlich, wie strategisch Nana dabei vorging:

» *Nana hat für sich einen Weg gefunden, den Tag ihren Symptomen entsprechend zu gestalten. Damit folgte sie automatisch einem Prinzip, das wir unseren Patienten empfehlen: ›Machen Sie langsam. Teilen Sie Ihre Kräfte ein.‹ Das hat Nana intuitiv perfekt verstanden. Ich glaube, das war einfach sie. Immer alles pragmatisch angehen.«*

Barbara:

»Nana hat gerne gelacht, immer noch Quatsch gemacht. Nur ihr Lachen klang auffällig anders. Wie von einem anderen Menschen.«

Mit der Problematik »Tod« hat Nana abgeschlossen, sie möchte das gar nicht mehr thematisieren. Im Gegenteil, sie strahlt ihrer Familie gegenüber aus, alles sei besprochen und so habe man sich damit abzufinden. Ihr Motto lautet nach wie vor: »Lasst uns bitte mal normal weitermachen und das Beste aus dem Tag herausholen.« Dennoch hat Chris das Bedürfnis, noch einiges loszuwerden:

» *Ich habe mich viel entschuldigt in diesen letzten Tagen, damit ich bloß nicht wegen irgendwas ein schlechtes Gewissen habe. Irgendwann fand Nana es dann schon fast lustig. Sie sagte: ›Jetzt hör doch mal auf mit dem Scheiß, das passt schon alles!‹«*

Chris fragt Nana: was sie glaube, was »danach« passiere. Sie ist sich sicher, ihre Lieben wiederzutreffen. Und: Nana will ihren Verlobten – gerade mal knapp 22 – nicht mit Fesseln in die Zukunft schicken, möchte Chris das auch schreiben:

» Eigentlich hatte Nana vor, mir noch was zu geben, was ich meiner zukünftigen Frau und meinen Kindern einmal schenken sollte. Damit die auch wissen, dass sie das ok findet. Das hat sie dann aber nicht mehr geschafft. Ich fand das total abgefahren. Strange. Sie war ja noch da! Und dann hat sie solche Pläne ... Das war etwas, worüber ich jetzt einfach noch nicht nachdenken will.«

Auf gar keinen Fall ist es in Nanas Sinn, dass die ganze Zeit geweint wird. Ihr erklärtes Ziel ist es, so Chris, ihre letzten Tage für sich und ihre Umgebung schön zu gestalten:

» Nana hatte mit Abstand die beste Laune von uns allen. Für mich war das vollkommen unbegreiflich, aber ich fand es natürlich super! Das hat es uns so viel leichter gemacht.
Wenn du da jemanden sitzen hast, der Depressionen schiebt, weil er bald sterben muss, macht es das einem viel schwerer, als wenn da jemand sitzt, der lacht.«

11.12.2011: Nana arbeitet voll konzentriert an Facecharts und bringt ihre Make-up-Kunst zu Papier. Barbara fotografiert sie dabei ganz spontan.

Endlich kann Nana ihre Schmerzmittel selbst dosieren, sodass sie annähernde Schmerzfreiheit erfährt. In der Klinik war man mit der Gabe sehr viel zögerlicher. Denn Morphium wird immer noch gleichgesetzt mit Abhängigkeit und Sucht. In der palliativen Versorgung dagegen ist Morphium das Mittel der Wahl. Entscheidend dabei: die Dosis. Man beginnt ganz vorsichtig und probiert zunächst gemeinsam mit dem Patienten aus. Denn, so stellt Dr. Berend Feddersen fest:

Dr. Berend Feddersen:

»Die Diskussion um Morphium bei der Schmerztherapie wird spürbar einfacher. Langwieriger ist die Debatte um die Verwendung von Morphium zur Behandlung von Atemnot – und gerade die ist am Lebensende ein zentraler Angstfaktor. Durch die Gabe von Morphium können die Patienten erheblich ruhiger und effizienter atmen. Man unterbricht damit einen Kreislauf, der ansonsten schnell zur Verschlimmerung führen würde.«

Wenn da plötzlich Morphiumtropfen stehen, möchte die keiner anfassen. Sobald die Patienten allerdings merken, wie viel maximale Erleichterung es ihnen bringt, nehmen sie es natürlich.

Dennoch gilt es, große Widerstände zu überwinden. Manche verstecken es sogar, obwohl es ihnen so guttut und viele dadurch richtig aufblühen. Einige wagen noch nicht einmal, den Begriff ›Morphium‹ auszusprechen. ›Das Medikament, das nicht genannt werden darf‹ – das klingt irgendwie nach Lord Voldemort!«

Es ist so, wie es ist

Nana verbringt viel Zeit mit ihrem Handy und mit dem Laptop auf dem Schoß. Gerade zum Jahreswechsel treffen viele Nachrichten ein. Freunde wünschen »Alles Gute für das neue Jahr«, schicken »Gute Besserung« und »Hoffentlich geht es bald aufwärts!« Nana beantwortet all die persönlichen Nachrichten offen und ehrlich. Am 4. Januar 2012 mailt sie an Dorothea Seitz:

Liebe Doro, bin vorgestern zum Sterben aus dem Krankenhaus entlassen worden. Ich schreib dir die Tage mal und erklär es dir genauer…
Liebe Grüße, auch von meiner Mom, Nana«

Bevor sie auf Senden drückt, erkundigt sich Nana bei ihrer Mutter, ob sie das alles denn so schreiben könne. Ob man jemanden unvorbereitet damit konfrontieren dürfe. Wer hat schließlich schon mal eine Mail mit dem Inhalt »Ich werde bald sterben« erhalten?

Nach kurzem Überlegen kommt sie mit sich überein: Ja, es gibt dafür keine andere Formulierung. Es ist so, wie es ist. Nach diesen Benachrichtigungen erkundigen sich enge Freundinnen gleich nach einer Besuchsmöglichkeit. Nana aber vertagt alle Anfragen auf die darauffolgende Woche: »Lasst mich erst mal hier ankommen, wir machen das ab nächstem Montag.« Barbara geht in diesen Tagen davon aus, Nana würde wirklich denken, sie schaffe das noch. Heute sagt sie:

Nana im Kreis ihrer Familie:
»Es ist das Letzte, was ich noch machen möchte: meine Verlobung feiern.«

> *Im Nachhinein vermute ich eher, dass sie gespürt hat, dass sie ihre Freundinnen nie mehr sehen wird. Dass sie ahnte, wie schwer diese Begegnung und die Verabschiedung geworden wären. Vielleicht war es für alle so besser.«*

Insgesamt verläuft Nanas letzte Woche sehr harmonisch. Silke, die jeden Tag vorbeischaut, merkt, dass sie nicht wirklich gebraucht wird. Noch nicht:

> *Es war schön, mal mit Nana zu plaudern, doch tendenziell hatte sie viel mit ihrem Rechner zu tun. Dann wieder hat sie mit ihrem Chris auf dem Sofa gekuschelt oder sie hat geschlafen. Da habe ich ihr ein Bussi gegeben und bin wieder gegangen. In dieser Woche war so viel Kraft da, alle waren mit etwas beschäftigt – aber ich wusste, die Zeit würde kommen, wo sich das ändert. In dieser Woche war es eher Barbara, die mich brauchte, die fragte: ›Was kommt jetzt noch alles? Wie lange wird es dauern?‹ Diese ganzen furchtbaren Fragen, die niemand beantworten kann. Keiner von uns hat allerdings damit gerechnet, dass Nanas Zeitfenster derart knapp bemessen sein würde. Man war trotzdem auf alles vorbereitet.«*

Nimm diesen Ring

Am Morgen des 5. Januar macht sich Chris auf die Suche nach dem Verlobungsring. Er soll aussehen wie bei Kate und William. Klar, dass Chris sich kein Exemplar wie das der Royals leisten kann, doch eine Billigausgabe soll es nicht werden. Chris klappert die Juweliere in München ab. Schließlich wird er fündig. Ein eleganter, glamouröser Ring, in der Mitte strahlt ein blauer Saphir, umrahmt von 14 glänzenden Steinen. Er ist perfekt. Nur – leider zu groß. Chris ist deprimiert, denn wo soll er heute noch etwas Passendes finden? Morgen am Dreikönigstag werden alle Geschäfte geschlossen sein. Jetzt zählt wirklich jeder Tag. Chris schildert der Juwelierin die Situation. Die Frau, berührt von seiner Erzählung, will in anderen Filialen nachfragen. Am Nachmittag ist sie tatsächlich fündig geworden. Das Schmuckstück in Nanas Größe liegt zur Abholung bereit. Während Chris dorthin unterwegs ist, bereitet auch Nana sich vor, macht sich frisch und legt ein wenig Make-up auf. Sie wählt T-Shirt und Leggins aus, da nur noch bequeme Kleidung möglich ist. Chris kommt heim, und das Paar zieht sich ins Wohnzimmer zurück:

Schwester Conny:

»Wir können feststellen, dass Patienten spüren, wenn es auf das Sterben zugeht, selbst wenn die Angehörigen es noch nicht sehen. Manchmal erlebe ich, dass mir freitags beim Verabschieden jemand sagt: ›Machen Sie es gut.‹ Und am Wochenende ist derjenige gestorben. Sie wissen das. Auch Nana hat es gewusst. Dass sie maximal noch Tage hat.«

» *Nana setzte sich hin, Stehen ging ja nicht mehr. Ich habe es ganz traditionell gemacht. Mit auf die Knie gehen, Schachtel auf. Nana hat nichts gesagt. So, wie ich es mir erhofft hatte.«*

Für fünf Tage ein Brautpaar. Warum er sich für diese kurze Zeit noch verlobt habe, wollen nach Nanas Tod viele von ihm wissen. Für Chris ist das keine Frage:

» *Da könnte man genauso wissen wollen, warum ich Nana noch ein Weihnachtsgeschenk gemacht habe. Sie war nach Hause gegangen,*

Nana auf Face-book, 5.1.2012:
»My engage-
ment ring
♥ ♥ ♥ ♥ ♥«

um ein paar letzte schöne Tage zu haben. Wenn du ihr dann noch so eine Freude machen kannst, warum nicht? Es freut dich ja selbst auch!

Ich weiß, dass einige das nicht verstehen. Einer hat sogar gesagt, da müsse man ja nichts Besonderes mehr kaufen. Wie kann man da von Geld reden? Selbst wenn ihr Ring 10 000 Euro gekostet hätte – die Möglichkeit hatte ich genau noch ein-mal. Das war das Letzte, was ich ihr schenken konnte. Meine allerletzte Chance.«

Braut. In alle Ewigkeit

Am Abend des 5. Januar trägt Nana den Ring, von dem sie seit Monaten träumt. Und will ihn nie wieder hergeben: »Mama, versprich mir, sollte ich den Ring im Sarg nicht anbehalten dürfen, nähst du ihn in meine Kleidung ein!« Zu Barbaras Erleichterung wird sich im Gespräch mit AETAS herausstellen, dass Nana ihren Schmuck anbehalten darf. Und so liegt Nana als Braut in ihrem Grab. Später am Abend bittet Nana ihre Mutter, Fotos zu machen, und gestat-tet das zum ersten Mal seit den Weihnachtstagen wieder. Die meisten löscht sie aber sofort von der Kamera und wünscht sich dann: »Mama, mach ein Foto. Aber bitte nur von meiner Hand.« Gleich darauf lädt Nana es auf Facebook hoch. Es ist das letzte Bild, das es lebend von ihr gibt.

Flieg, Schmetterling, flieg!

Gestaltenwechsel

Der Schmetterling begegnet Nana schon früh in ihrer Krankheit. Die kleine Nachbarstochter malte ihr während der ersten Chemotherapie ein Bild mit einem bunten Falter. Der darunter stehende Satz »LIBENANA ICH-WÜN-SCHE-DIA-GUTE-BSARONG VÜR NANA« sorgt im Krankenzimmer bei Besuch und Personal häufig für Erheiterung, denn Nana hat das Gemälde neben ihrem Bett aufgehängt.

Der Schmetterling wird von da an Nanas ständiger Begleiter. Ob Nana Barbara eine ihrer liebevollen Karten schreibt oder ihrer Mutter zu Weihnachten eine silberne Halskette schenkt: Der Schmetterling entwickelt sich mehr und mehr zu Nanas Lieblingsmotiv. Das Bild der kleinen Raupe, die sich zum Schmetterling umgestaltet, gefällt Nana als Metapher für ihre Krankheit. Früher, da war sie eine Raupe. Jetzt, gezeichnet durch den Krebs, durchlebt sie das Stadium der Verpuppung. Und eines Tages wird sie als freier Schmetterling ihre Flügel ausbreiten. Ein Sinnbild der Veränderung, das auch in der Illustration des Todes eine maßgebliche Rolle spielt. Die berühmte schweizerisch-amerikanische Ärztin, Psychiaterin und Sterbeforscherin Elisabeth Kübler-Ross formulierte es in ihrem Buch »Über den Tod und das Leben danach« (im Silberschnur Verlag erschienen) so:

28.10.2011: Nana schenkt ihrer Mutter diese liebevoll gestaltete kleine Schmetterlingskarte für die Handtasche.

>> *Der Tod ist ganz einfach das Heraustreten aus dem physischen Körper, und zwar in gleicher Weise, wie ein Schmetterling aus seinem Kokon heraustritt.«*

Speziell in Bezug auf schwerstkranke Kinder greift man oft auf dieses plastische und tröstliche Sinnbild der Verwandlung zurück. Visualisiert es doch sehr anschaulich den Übertritt in einen neuen Wesenszustand, den sich kein Lebender so recht vorstellen kann: Auch die Larve muss sterben, sich fast gänzlich auflösen, um dem neuen Lebewesen Platz zu machen.

Mit glitzernden pinken Flügeln

Als Nana von dieser Deutungsebene erfährt, hat sie den Schmetterling schon längst zu ihrem Symbol gewählt. Sie plante, sich nach ihrer Gesundung Ornamente mit Schmetterlingen tätowieren zu lassen. In ihren letzten Wochen und Tagen zeigt sich, wie treffend diese Symbolwahl war.

Am 28.10.2011 schreibt Nana an ihre Mutter:

>> *Meine liebe Mama, endlich bekommst du nun auch mal eine Karte von mir. Obwohl ich gar nicht so recht weiß, was ich dir schreiben soll. Ich hab dir ja schon alles gesagt, was ich dir zu sagen habe. Jeden Zukunftsplan, jede Sorge, jede Freude. Du hast immer ein, nein sogar zwei offene Ohren für mich. Und das sogar in Momenten, in denen du dich bestimmt lieber selbst bei jemand anderem ausweinen würdest. Dafür bin ich dir sehr dankbar! Ich habe eine Karte mit Schmetterlingen ausgewählt, weil sie eine gute Metapher für uns sind. Sie gehen durch eine ganz dunkle, hässliche, verpuppte Zeit in einem Kokon und sind bestimmt oft sehr traurig, weil sie gar nicht wissen, wie schön alles nach dieser Phase wird, wenn sie als wunderschöne, bunte Schmetterlinge ›wiedergeboren‹ werden. Es gibt übrigens ein paar Schmetterlingsarten, die sich von den Tränen anderer Schmetterlinge ernähren. Das finde ich irgendwie süß. So ist das bei uns auch. Der eine fängt die Tränen des anderen auf, auch wenn er sich selbst dabei kurz schlechter fühlt. Alles in allem trösten sie sich immer wieder gegenseitig ♥«*

Das Tattoo

Nanas Verlobter Chris:

 Ich trage gerne was von Nana auf der Haut.«

Chris plant, sich nach Nanas Tod tätowieren zu lassen, und bittet Nana um eine Zeichnung, eine ganz persönliche Erinnerung von ihr. Leider ist Nanas Hand durch die hohen Morphindosen nicht mehr ruhig. Wenn sie beim Zeichnen den Stift absetzt, schafft sie keinen direkten Anschluss an die bisherigen Striche. Zu frustrierend und zu mühsam empfindet sie das Malen eines eigenen Bildes.

Doch dann entdecken die beiden eine passende Vorlage im Internet: ein umranktes Herz, durch das gerade ein Schmetterling fliegt. Mit einigen wenigen Schnörkeln, in der Gesamtheit recht schlicht. Es wird das Vorbild werden für eine Reihe von Tätowierungen.

Links das »Nanagramm« in seiner ursprünglichen Form, in der Mitte die Tattoovorlage von Barbara, rechts die von Chris.

Heute tragen es Barbara und Axel auf ihren Armen, einige Freundinnen von Nana haben es sich stechen lassen – und natürlich auch Chris. Seines ist mit Abstand das opulenteste, mit viel Ornamentik. Denn, so Chris, »dafür hatte Nana einfach ein Faible«.

Unmittelbar nach Nanas Tod beschließt Chris, seiner Braut den gemeinsam gefundenen Schmetterling mit dem Herz sogar als Verbindung zwischen ihnen beiden mitzugeben. Er nimmt einen schwarzen Permanentmarker, setzt sich neben Nanas Leichnam und zeichnet ihr das Motiv auf den blassen, kalten Arm – an der identischen Stelle, an der er wenige Wochen später das gleiche tragen wird. Damit tragen sie beide das »Nanagramm«, wie es inzwischen genannt wird.

Der Schmerz ist gnadenlos

Zu dem Zeitpunkt, als sie das Motiv beim gemeinsam Surfen entdecken, sind solche trauten Momente schon selten geworden. Im Verlauf der ersten Januarwoche spitzt sich die Situation dramatisch zu, und Nanas Schmerzmittelbedarf steigt exorbitant. Sie klagt über heftige Schmerzen an den Rippen.

Barbara:

»Schon mit Vereinsgründung war klar, dass wir Nanas Tattoo in das Logo von ›Nana – Recover your smile‹ e. V. übernehmen würden. Nicht nur weil sie es selbst ausgesucht hat. Es symbolisiert auch so vieles, was wir jetzt in der Vereinsarbeit erleben: die Verwandlung, die Schönheit und die Liebe, die so viel zusammenhält.«

Das medizinische Betreuungsteam ist sich sicher: Hier liegt ein Bruch vor. Die Morphindosis ist inzwischen bereits so hoch, dass Nana den Samstag überwiegend schlafend verbringt. Silke, die Nana morgens besucht, sieht die stetige Verschlechterung:

>> *Doch niemand ahnte, dass ab jetzt ein Schmerzereignis das andere jagen würde und dass wir Nana 24 Stunden später in Narkose legen würden. Als ich abends eintraf, war sie gerade im Bad, um sich bettfertig zu machen. Beim Hinlegen passierte es, diesmal an der Hüfte. Nana schrie vor Schmerzen, wir hatten viel Morphin da. Aber es war nicht genug.«*

Die Vermutung liegt nahe, dass sich Nana beim Zubett-gehen einen Beckenbruch zugezogen hat. Hat sie die bevorstehende Fraktur etwa geahnt? An diesem Abend untersagt sie Chris, der Barbara sonst bei Nanas Pflege im Bad geholfen hatte, die weitere Begleitung ins Schlafzim-mer: »Ich will nicht, dass du mich immer so siehst!« Nanas Knochen sind von Metastasen zersetzt. Jede Belas-tung, vielleicht sogar schon die kleinste Bewegung kön-nen weitere schwere Verletzungen zur Folge haben. Die Schmerzmitteldosen greifen nicht mehr. Silke und der Rest des Teams denken über neue Strategien nach:

» *Wir überlegten, sie mittels hirnwirksamer Substan-zen müde zu machen und schlafen zu lassen. Doch auch das gestaltete sich schwierig. Nichts hat gewirkt, jeden-falls nicht länger als eine halbe Stunde. Nana hat zwischen-drin immer wieder viel geredet, mitunter wirklich Lustiges, oft auch Unverständliches. Insgesamt war sie äußerst unruhig.«*

Das letzte gemeinsame Shooting von Mutter und Tochter am 13.12.2011 nennt Nana »Imaginaerum« – nach dem gerade erschienenen Album der Band Nightwish.

Nanas Bewusstseinszustände schwanken zwischen hef-tig fantasierend und dann wieder erstaunlich klar. Ihre Gedanken drehen sich vor allem um die noch nicht erle-digten Aufgaben. Der Brief an ihre Mutter. Die Garderobe für ihre bevorstehende Beisetzung. Mehrfach äußert sie die Sorge: »Ich hab doch meine Kleider noch nicht her-ausgesucht!« Irgendwann versucht Barbara, ihre Tochter zu beruhigen: »Nana, mach dir keine Gedanken, wir kennen deinen Stil, wir wissen, was dir gefällt. Chris und ich werden ganz bestimmt das Richtige für dich aussuchen, du kannst dich auf uns verlassen.« Worauf Nana sehr bestimmt entgegnet: »Ja, aber macht bloß keinen Scheiß!«

144

Noch etwas beschäftigt Nana in diesen Stunden. In ihrer bisweilen bereits verwaschenen Sprache ist immer wieder »Facebook« herauszuhören. Barbara vermutet, Nana empfinde hier etwas als noch nicht ganz abgeschlossen. Schließlich hat sich Nana auf Facebook nicht verabschiedet, ihr Nachhausegehen nur einem engsten Kreis persönlich übermittelt. Da Barbara von Nana mit allen Passwörtern und Zugangsdaten zu sämtlichen Accounts versehen wurde, begreift ihre Mutter dies als Aufgabe, die ihr zufallen wird, wenn es soweit ist.

Inzwischen bespricht das Palliativteam – Dr. Feddersen ist in der Nacht häufig telefonisch zugeschaltet – gemeinsam mit Silke die Optionen, die sich jetzt noch bieten für Nana.

Info: Palliative Sedierung

Gemäß **EAPC (European Association for Palliative Care)** versteht man darunter die engmaschig kontrollierte Gabe von Medikamenten bei einem Sterbenden. Sie hat eine Dämpfung bis hin zur Ausschaltung seines Bewusstseins zum Ziel, um belastende Symptome bzw. unerträgliche Schmerzen in anders nicht mehr therapierbaren Stadien in ethisch akzeptabler Weise zu lindern.

Die palliative Sedierung kommt zum Einsatz, wenn alle vorangegangenen Therapieversuche versagt haben, oder wenn das Palliativteam übereinkommt, dass keine Methode zur Linderung innerhalb eines akzeptablen Zeitfensters und ohne unzumutbare Nebenwirkungen zur Verfügung steht. Die häufigsten Symptome, gegen die sie eingesetzt wird, sind Delir/Agitiertheit (krankhafte Verwirrung, Angst und Unruhe), Atemnot und Schmerzen. Die Entscheidung sollte im Team unter Einbeziehung des Sterbenden, seiner Angehörigen und seines Hausarztes erfolgen. Es ist der niedrigste Grad der Sedierung anzustreben, der eine adäquate Linderung bewirkt. Die Sedierungstiefe erfolgt daher schrittweise und vom Erfolg der erreichten Symptomkontrolle abhängig.

Die Angehörigen müssen wissen, dass der Tod so nicht beschleunigt wird, sondern der Sterbende unter guter Symptomkontrolle noch mehrere Tage tief schlafend leben kann. Je nach Sedierungstiefe sind auch kurzes Aufwachen oder Bewegungen möglich.

Oma, bis bald!

Für Dr. Feddersen ist bald klar, worauf die extreme Zuspitzung von Nanas Situation hinauslaufen würde:

> Bei Nana sahen wir uns dem gegenüber, dass eine gute Symptomkontrolle nur über die ›terminale Sedierung‹ erreichbar sein würde. Denn Nanas Situation verschärfte sich dramatisch, eigentlich ging es Schlag auf Schlag. Das heißt: Medikation erhöhen, erhöhen, erhöhen – doch das bringt nichts mehr. Die terminale Sedierung hatten wir im Vorfeld allerdings nicht so intensiv besprochen. Da zeigte sich, wie gut unsere Kommunikation untereinander in der entsprechenden Nacht war, denn es ist nicht selbstverständlich, dass wir sowohl mit Nana als auch mit ihrer Familie geradlinig auf diesen Weg gekommen sind. Man spürte das unglaubliche Vertrauen, das man in einer ganz kurzen Zeit zueinander gewonnen hatte.«

Nanas Oma:

»Nana und ich besprachen oft, was nach dem Tod sein könnte und ob es wohl Engel gebe. ›Oma‹, sagte Nana zu mir, ›es ist danach nicht alles vorbei! Es gibt mehr zwischen Himmel und Erde als das, was wir jeden Tag sehen.‹«

Schmerzen. Unvorstellbare Schmerzen. Schmerzen, die nicht auszuhalten sind. Nana bittet um immer höhere Morphiumdosen, was ihr selbstverständlich gewährt wird. Doch nichts bringt Erleichterung. Wiederholt artikuliert Nana: »Mama, bitte spritzt mir was, damit ich endlich einschlafen kann!«

Das medizinische Team bereitet die einzig noch möglichen nächsten Schritte vor. Schwester Conny:

> Ich habe mit Nana besprochen, dass wir ihr den Schlaf nur ermöglichen könnten, wenn wir sie ins Koma legen. Allerdings würde sie dann wahrscheinlich nicht wieder aufwachen. Nana entgegnete: ›Die Schmerzen sind so stark, dass ist so ok.‹ Dann äußerte sie den Wunsch, die ganze Familie zu sehen.«

Nanas Großeltern werden angerufen und bald mit dem Auto abgeholt. Mit jedem Familienmitglied führt Nana nun ein letztes Gespräch, um sich für immer zu verabschieden. Ein schwerer Gang, speziell für ihre Großeltern. Barbara war bereits als junge Mutter berufstätig gewesen, sodass Nana und ihr Bruder Michael viel von Oma und Opa betreut wurden. Damals wohnten alle im gleichen Mietshaus, auf verschiedenen Stockwerken.

Häufig saßen die Großeltern in den vergangenen Monaten an Nanas Bett im Krankenhaus, bringen ihr ihren Lieblingssalat mit, den sie sich oft in dieser Zeit wünscht. Eisbergsalat. »Aber nur mit Omadressing!« Und nun liegt ihre Enkelin im Sterben. Nana wird ihren Großeltern vorausgehen. So ruft sie beim Verabschieden ihrer 82-jährigen Großmutter zu: »Oma, mach dir keine Sorgen, wir sehen uns wieder. Bis bald!«

Auch Bruder Michael muss sich jetzt von seiner kleinen Schwester trennen:

> *Ich habe ihr gesagt, dass es mir unendlich leid tut, dass ich während des Jahres so wenig Zeit für sie hatte und nicht in der Form für sie da sein konnte, wie es etwa meine Mutter war. Sie war ganz verständnisvoll und meinte, dass sie mich lange genug kenne, um zu wissen, dass ich in gewissen Dingen anders bin. Und dass ich schauen soll, dass ich klarkomme.«*

Ihren Chris bittet Nana, kurz bevor sie für immer einschläft, um eine Zeichnung auf ihrem Arm:

> *Ich habe ihr ein Herzchen gemalt und ›Ich liebe dich‹ dazugeschrieben. Ich bin mir nicht sicher, ob sie es mit ihren schweren Halluzinationen überhaupt richtig erkannt hat, obwohl sie zwischendrin wirklich noch sehr klar war. Mitten unterm Fantasieren guckt sie mich dann an, hebt die Arme und sagt: ›Weißt du, wenn ich dich sehe, dann weiß ich, dass du immer da bist.‹ Und dann habe ich sie in den Arm genommen. Ihre Arme musste ich dafür richtig umklappen, aber es war sehr schön.«*

147

Adieu

Wie verabschiedet man sich von einem geliebten Menschen, der stirbt? Im Bewusstsein, genau jetzt ist die letzte Möglichkeit, miteinander zu sprechen? Wie schwer fällt es schon, wenn jemand für längere Zeit verreist? Wie ist es erst mit dem Wissen, dieser einzigartige Mensch wird nie mehr zurückkommen? Auch wenn Nana alles Wichtige geklärt hat, bleibt doch gleichzeitig das Gefühl, noch so vieles sagen zu wollen. Für Barbara in dieser Nacht die wichtigsten an Nana gerichteten Worte:

»Eine Trauerkerze«
auf Gedenkseiten.de von »Nase«
(5.10.2012):
»Ich vermisse dich, mein kleiner
Engel. Und ich liebe dich. Auf ewig.
Deine Nase«

›Ich liebe dich, ich werde dich immer lieben. Und ich weiß, wir sehen uns wieder!‹
Gleichzeitig wollte ich Nana in diesen Stunden auch signalisieren, sie dürfe loslassen, wenn der richtige Zeitpunkt für sie gekommen sei. Die Formulierung ›Du darfst gehen‹ erschien mir angesichts ihrer massiven Schmerzen in Hüfte, Becken und Beinen als deplatziert. Nana hätte ja gar nicht mehr laufen können! Unsere Metapher vom Schmetterling, die uns so eng verband, erschien mir viel stimmiger. ›Flieg, mein Schmetterling, flieg. Flieg ins Licht!‹ waren daher meine Worte in unserem letzten Gespräch. Eines lag Nana noch auf der Seele: der nicht mehr geschaffte Brief an mich, um den ich sie in den Tagen zuvor gebeten hatte und der mir in der Zeit ›danach‹ Kraft geben sollte. Doch ich konnte sie beruhigen. Ich erzählte ihr einfach, was ich glaubte, was in dem Brief stehen würde, und sie stimmte dem vollkommen zu. ›Muckelchen, wir beide kennen einander so gut, ich weiß ganz genau, was du mir schreiben würdest. Es ist vollkommen egal, ob es auf einem Blatt Papier steht oder ich es in meinem Herzen spüre. Und, ja, ich werde auf deinen Chris aufpassen, er ist nicht allein. Ich liebe dich so sehr! Danke, dass ich dich als Tochter haben durfte. Ich liebe dich!‹«

»Flieg, mein Schmetterling, flieg.« Wie ein Mantra wird diese liebevolle Aufforderung wiederkehren. In dieser Nacht und in den darauffolgenden 48 Stunden.

Betäubungen

Nicht alle bringen diese fast übermenschliche Kraft auf. Nanas Vater Axel kann das Bild, das sich ihm bietet, kaum ertragen. Von purer Verzweiflung am Bett seiner sterbenden Tochter gepackt, wird er weggetragen von seinen Gefühlen. Wie soll er das durchstehen? Ohnmacht und Trauer beherrschen ihn. Er hält es nicht mehr aus. Wenn er heute auf diese Nacht zurückblickt, erinnert er sich in erster Linie an Schmerz:

Bereits im Krankenhaus hatte Nana auf Anraten des SAPV-Teams ihre Patientenverfügung unterschrieben. Damit hatte sie bestimmt, das keine lebenserhaltenden Maßnahmen ergriffen werden würden, keine künstliche Ernährung oder Beatmung erfolgen sollte und bewusstseinsdämpfende Mittel zur Beschwerdelinderung eingesetzt werden dürften.

» *Da waren diese unvorstellbaren Qualen, die Nana erdulden musste – und man selbst kann nichts mehr tun. Es existiert keine weitere Option mehr, außer es hinzunehmen. Barbara konnte sich dem stellen; ich habe das einfach nicht geschafft. Ich versuchte, meinen eigenen Schmerz wegzudrücken. Es war keine Situation, von der ich sage, die sollte man miterlebt haben. Wahrscheinlich würde ich in einer vergleichbaren Situation wieder ähnlich damit umgehen. Ich konnte einfach nicht akzeptieren, dass es so ist. Das ist kein Schmerz, den man will oder braucht.«*

Axel versucht, seinen Kummer mit Alkohol wegzuspülen, was die Situation nicht entspannt, sondern verkompliziert. Er wird zunehmend unerreichbar für die anderen. Barbara ist aufgebracht – versucht sie doch, ihre eigenen Gefühle zu unterdrücken, um zu funktionieren, gerade in Nanas letzten kostbaren wachen Stunden.

Schon jetzt dämmert Nana immer wieder weg, ohne wirklich Ruhe zu finden. Sie fiebert stark, Chris tupft ihr regelmäßig den Schweiß von der Stirn. Und befeuchtet ihre ausgetrockneten Lippen mit einem Pflegestift. Nana interpretiert dies in ihrem Dämmerzustand als Auftragen von Lippenstift und quittiert die Geste mit der interessierten Frage: »Welche Farbe?«

Terminal sediert

Dr. Berend Feddersen:

>> *Palliativmediziner möchten keinen Prozess verlangsamen, ihn allerdings auch nicht beschleunigen.«*

Die palliative Sedierung ist eine Maßnahme, die – wie im Fall von Nana – nur in Ausnahmesituationen eingesetzt wird. Auch wenn Patienten diese Option erfragen, wie Dr. Feddersen weiß:

>> *Manche Patienten tragen explizit den Wunsch an uns heran: ›So, ich bin mit dem Thema durch, ich habe akzeptiert, dass ich sterben werde. Jetzt geben Sie mir bitte die Spritze oder die goldene Tablette!‹ Das lehnen wir strikt ab. Erstens ist es verboten, zweitens würden wir das aus ethischen Gründen nicht wollen – und drittens funktioniert es so nicht.«*

Die Palliativmedizin erleichtert den Sterbeprozess, sie fördert ihn aber nicht. Entscheidend ist bei der terminalen Sedierung die Dosis. Dr. Feddersen weiter:

>> *Daher waren wir sehr glücklich, dass wir bei Nana die richtige Dosierung so schnell gefunden haben, denn sie hat nach Beginn der Sedierung noch zwei Tage gelebt. Einfach geschlafen unter guter Symptomkontrolle, ohne erkennbare Schmerzen. Für manche Angehörigen wäre es oft gar nicht schlimm, wenn es gleich zu Ende gehen würde, aber für uns wäre das furchtbar. Bei Nana beschäftigte uns der Gedanke sehr stark, denn sie war eine extreme Schmerzpatientin und sehr jung. Wir erleben immer wieder, dass gerade junge Patienten mit den Dosen, die ihr Körper verarbeiten kann, erstaunlich hoch liegen können.«*

Ein letztes Mal erklärt Schwester Conny, was jetzt bevorsteht:

>> *Ich habe Nana erklärt, dass wir sie nun sedieren würden. Kurz bevor wir*

das Mittel gespritzt haben, wollte sie ihren Verlobungsring. Sie sagte:

›Jetzt ist alles für mich gut. Es passt alles. Jetzt kann ich einschlafen.‹ Und dann

war das auch so.«

Schwester Conny und Dr. Silke Seitz verabreichen Nana in den frühen Morgenstunden des 8. Januar 2012 den Wirkstoff, der sie in eine Art Narkose versetzt. Kontinuierlich dringt das Medikament über eine Dosierpumpe gesteuert in Nanas Körper ein.

Wenn es seine Wirkung voll entfaltet hat, wird Nana nie wieder erwachen.

Gandalf der Weiße

Ein Sommerabend einige Monate zuvor. Nana hat es sich mit Barbara auf dem Sofa gemütlich gemacht, im DVD-Spieler läuft der dritte Teil der Verfilmung des Fantasyromans »Der Herr der Ringe« von J. R. R. Tolkien.

An einer Stelle in »Die Rückkehr des Königs« wird eine plötzlich steigende Anspannung zwischen Nana und ihrer Mutter spürbar. Gandalf, ein weiser Zauberer, spricht über den möglicherweise kurz bevorstehenden Tod. Draußen vor den Toren der Stadt tobt ein mörderischer Kampf. Die Eroberer schlagen bereits mit roher Gewalt die hölzernen Tore ein. Der weißhaarige Gandalf erwartet mit gezücktem Schwert zusammen mit einem jungen Hobbit Pippin den unmittelbar bevorstehenden Einfall der Feinde.

Pippin: **Ich hätte nicht gedacht, dass es so enden würde.**

Gandalf: **Enden? Nein, hier endet die Reise nicht.**
Der Tod ist nur ein weiterer Weg, den wir alle gehen müssen.
Der graue Regenvorhang dieser Welt zieht sich zurück, und alles
verwandelt sich in silbernes Glas.
Und dann siehst du es.

Pippin: **Was, Gandalf, was sehe ich?**

Gandalf: **Weiße Strände und dahinter ein fernes grünes Land unter einer rasch aufgehenden Sonne.**

Pippin: **Dann ist es nicht schlimm?**

Gandalf: **Nein, nein. Das ist es nicht.**

Aus Barbaras Serie »Fairies« (April 2011). Nana trägt den Ring, den Chris als Muster zum Kauf ihres Verlobungsrings dabeihaben wird.

Während des Dialogs verwandeln sich die angespannten Sorgenfalten auf Gandalfs Gesicht in ein gütiges, strahlendes Lächeln. Auch bei den beiden Zuseherinnen verfehlen die Worte nicht ihre Wirkung. Doch in diesem Augenblick bleibt das unausgesprochen. Erst am nächsten Tag erklärt sich Nana ihrer Mutter:

> *Weißt du, Mama, was Gandalf da über das Sterben gesagt hat, das hat mich wirklich berührt. Obwohl ich natürlich weiß, dass er ein Schauspieler ist, hat mich die Figur in ihrer Weisheit beruhigt. Irgendwie hat mir das richtig geholfen.«*

Ein halbes Jahr später liegt Barbara im Halbschlaf im Bett. Neben ihr ruht Nana seit über 15 Stunden in einem komaähnlichen Schlaf. Um sie herum ein Matratzenlager. Überall Familienmitglieder, die sich in der Wache abwechseln. Manchmal läuft leise der Fernseher. Es ist der 8. Januar, der letzte Sonntag nach all den Feiertagen und ein üblicher Sendeplatz für große Kinoepen. Was gerade in Barbaras schläfrigen Zustand vordringt, sind die bekannten Stimmen aus »Der Herr der Ringe«. Schlagartig ist sie hellwach. Sofort ist ihr das Gespräch über Gandalf wieder präsent. Sie beschließt, den Dialog herauszusuchen und mit Nanas Worten, dass sie hierin Trost finden konnte, auf der Beerdigung vorlesen zu lassen. Und wundert sich, warum ausgerechnet während Nanas sanftem Weg aus der Welt dieser Film im Fernsehen ausgestrahlt wird.

Sandra Kader auf Facebook an Nana Sixx (8.1.2012):
»Ich kann es nicht glauben, will es nicht glauben. Wir sind im Begriff ein so wunderbares, so unglaublich tapfereres Menschenkind, mit dem liebenden Herz einer Löwin, zu Gott zurückkehren zu sehen. Die Welt wird so still sein ohne dich, meine Nana. So still…«

Atmen

Einige Stunden sind vergangen, seitdem Nana narkotisiert wurde. Sie wird nicht beatmet, nicht künstlich ernährt, sie atmet spontan und regelmäßig von selbst. Das war zu Beginn anders. Nana hat immer wieder längere Atempausen, sodass Silke dachte:

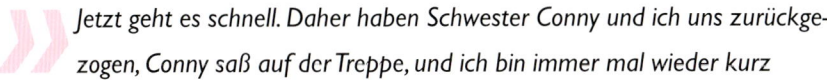

> *Jetzt geht es schnell. Daher haben Schwester Conny und ich uns zurückge-zogen, Conny saß auf der Treppe, und ich bin immer mal wieder kurz*

ins Zimmer gegangen. Nach meiner Erfahrung aus der Klinik ist der Moment des Sterbens heilig. Man vermittelt Sicherheit, tritt aber selbst ganz in den Hinter-grund. Als Mediziner ist man nicht vonnöten. Die Familie braucht sich, nicht uns. Es war dann so eine heilige Ruhe. Ich war überzeugt, jetzt würde Nana gehen. Doch nach einer halben Stunde war ihre Atmung wieder normal. Damit kehrte so etwas Ähnliches wie Normalität zurück. Jemand sagte: Vielleicht sollten wir mal etwas trinken? Wollen wir nicht mal lüften? Man ging auf die Toilette. Ganz all-tägliche Dinge. Das mag merkwürdig klingen, aber vorher hatte ja keiner gewagt, auch nur eine Sekunde aus dem Zimmer zu gehen.«

Bei Schwester Conny, die das Haus der Familie für einige Stunden verlässt, wird jetzt die Anspannung der vorangegangen Stunden spürbar:

> *Während der Nacht habe ich die Situation unter professionellen Aspek-ten gesehen. Alles war darauf ausgelegt, Nana zu helfen, damit sie keine Schmerzen mehr hat. Erst als ich im Auto saß, ist alles von mir abgefallen. Es war auch für mich ein sehr emotionaler Moment, als Nana kurz vor der Sedierung sagte: ›Conny, ich brauche jetzt meinen Verlobungsring. Der muss dran sein.‹ Nana war in diesem Moment so wahnsinnig stark. Da habe ich nur noch gedacht: ›Conny, reiß dich jetzt zusammen‹, weil mir das so naheging. Als ich vormittags wiederkam, standen mir die Tränen in den Augen. Es hat mich sehr berührt, wie Barbara das geschafft hat und wie auch Axel versuchte, einen Weg zu finden. Wie eigentlich die ganze Familie damit umging. Was für ein wahnsinniger Zusam-menhalt da ist!*
>
> *Nana werde ich nie vergessen. Es war eine sehr kurze Begleitung, aber sehr inten-siv. Ich werde auch Barbara und Axel nie vergessen. Sie sind in meinem Herzen, so wie Nana auch.«*

Nana schläft. Nie wieder wird sie eine Mail, eine Facebook-Privatnachricht, eine SMS beantworten können. Und dennoch werden Nachrichten an ihre

Facebook-Pinnwand gepostet. Gerade von den Menschen, die wissen, wie es in diesem Moment um Nana steht.

Facebook-Dialog am 9.1.2012:

》》 *Inna Harder an Nana Sixx: Küsschen!*
Barbara um 14:21 Uhr: Ich geb es ihr. Inna Harder um 14:22: Dankeschön, Barbara. Ich drück euch alle! Ansgar Kuswik um 15:48: Von mir auch eins bitte. Franz von BeverlyEller um 15:58: Von mir auch Bärbel, bitte. Barbara um 16:06: Ich geh jetzt sofort und geb sie ihr alle, versprochen! Franz von BeverlyEller um 16:08: Danke Bärbel – in Gedanken bin ich bei Nana und bei euch.«

Facebook-Privatnachricht von Barbara an Dorothea (8.1.2012):

»Nana kämpft noch etwas, aber sie ist vollkommen ruhig und endlich, endlich ohne Schmerzen – vielleicht will sie diesen Zustand noch ein wenig länger mit uns zusammen erleben.«

Barbara, die alle Grüße an Nana weitergibt, übernimmt in Nanas Sterbephase die Verbindungsrolle zur Außenwelt, ohne dies zuvor geplant zu haben. Automatisch wenden sich jetzt Nanas Freunde und Bekannte an sie – zum Teil über Privatnachrichten, sodass nur Barbara es sehen kann, zum Teil als Postings, sodass es für alle anderen Nutzer sichtbar ist.

Damit erlebt Nanas Umfeld eine völlig neue Dimension von Trauerarbeit. Jetzt bei der Familie anzurufen, um sich nach Nana zu erkundigen, trauen sich nur die wenigsten. Man möchte nicht stören. Dennoch ist die Anteilnahme groß: Wie geht es ihr? Hat sie Schmerzen? Ist sie noch ansprechbar? Wie lange wird es wohl gehen? Silke, die weiterhin viel Zeit bei der Familie verbringt, macht die Situation zunächst zu schaffen:

》》 *Mein Problem in der Anfangszeit war: Warum stirbt sie jetzt nicht? Was für eine Folter für die Eltern! Jetzt ist alles so friedlich, sie schläft – warum schläft sie denn nicht hinüber? Nana hatte sich von jedem verabschiedet, ihre Wünsche geäußert, mich gebeten: ›Pass auf meine Mutter auf.‹*

Da haben mir die Gespräche mit meinem Vater so gut getan, der als Seelsorger viele Familien in ähnlichen Situationen begleitet hat. Er überzeugte mich, es anders zu sehen. Er sagte: ›Das ist jetzt wichtig. Jede Minute, die Nana länger lebt, haben ihre Eltern Verschnaufpause. Was kommen wird danach, ist unvorstellbar.‹

In der folgenden Nacht suchte ich das Gespräch mit Barbara: dass ich mich so schwertue im Umgang mit dieser Situation. Und ich fragte sie, wie sie das empfindet, dass Nana jetzt hier schläft. Sie antwortete mir unter ganz vielen Tränen: ›Mein Kind will noch etwas Zeit schmerzfrei bei mir bleiben.‹

Mit diesem Wissen kippte meine Haltung. Ich erkannte es als Teil des Sterberituals. Immer saß jemand neben Nana am Bett, man hat mit ihr geredet. Wir konnten untereinander in Ruhe mal ein Gespräch führen, ein paar Meter laufen, sodass diese unerträgliche Starre abfiel. Man war immer um Nanas Wohl besorgt.

Und so weit wir das von außen beurteilen konnten, schien es ihr in ihrem Schlaf gut zu gehen. Deshalb war es in diesen zwei Tagen dort so schön. Es war diese Zeit zwischen Himmel und Erde. Eine besondere Zeit. Auch für mich war sie besonders.«

Chris empfindet die Stunden mit seiner schlafenden Nana als sehr schön:

> *Endlich konnte ich wieder mit ihr kuscheln und sie umarmen! Als sie noch wach gewesen war, wäre das unmöglich gewesen, mit 40° Fieber und dem Schwitzen den ganzen Tag über. Jetzt konnte sie sich, ich sag es mal so, ›nicht mehr wehren‹. Ich bin im T-Shirt kurz raus in die Winterluft und wieder rein zu ihr. Nach zwei Minuten neben ihrem Körper war es wie in der Sauna. Vielleicht klingt es blöd, aber es gab mir ein gutes Gefühl, mit einem Waschlappen neben Nana zu sitzen und ihre Temperatur runterzukühlen.«*

Barbara überlegt in dieser Zeit, ob sie nicht einige von Nanas Freundinnen einladen soll. Schließlich hatten sie sich ja genau für diese Tage verabredet. Gleichzeitig ist Barbara unsicher:

>> *Wird es als Zumutung empfunden? Tut man das? Kann man fragen:*
›Möchtest du Nana besuchen, obwohl sie dir nicht mehr antworten wird?‹
Wir hatten ja keinerlei Erfahrungswerte in dieser Richtung. Es gab auch tatsächlich
eine Absage. Eine Freundin lehnte ab mit den Worten:›Tut mir leid, das schaffe
ich nicht.‹ Alle anderen sagten:›Wie schön. Danke. Ich war so froh, dass ich noch
mal kommen durfte.‹ Ich bin zutiefst überzeugt davon, dass Nana mitbekommen
hat, wer da war und was gesprochen wurde.«

»Nase«, Nanas Freundin, hatte an Silvester eine kurze SMS geschickt und erhielt
an Neujahr die nüchterne Antwort:

>> *He, Nase, ich wollte nur Bescheid sagen, ich gehe*
jetzt dann zum Sterben nach Hause, es gibt keine
Chancen mehr auf Heilung. Würde mich freuen, wenn wir
uns noch mal sehen würden. Nana«

»Nase«, Nanas beste Freundin:
»Ich hatte bis jetzt immer Angst vorm
Sterben. Mittlerweile denke ich mir:
Wenn es passiert, passiert es – wie,
werde ich dann schon sehen. Da
braucht man sich ja nichts vorzu-
machen: Sterben werden wir alle.«

Nase ist ziemlich geschockt und möchte Nana sofort
besuchen, aber Nana möchte die ersten Tage nur mit ihrer
Familie verbringen, und so verabreden sich die Freundin-
nen für den 11. Januar. Am 9. Januar erhält Nase einen Anruf von Barbara:
»Nase, die Nana stirbt gerade. Wenn du möchtest, kannst du dich von ihr verabschieden.« Nase wird vor dem Betreten des Zimmers von Barbara vorbereitet:
»Es geht Nana gut, sie hat keine Schmerzen. Es ist normal, wie es jetzt ist, also
erschrick nicht.« Als Nase schließlich das Zimmer betritt, ist sie Barbara für die
Vorwarnung dankbar:

>> *Sonst wäre ich entweder rückwärts wieder raus oder umgekippt. Ich bin*
so erschrocken! Diese schwere Atmung. So stellt man sich wirklich einen
sterbenden Menschen vor. Dass jemand da liegt und so keucht. Dann hat sie mich
allein mit ihr gelassen.

In den ersten Minuten hatte ich echt Angst! Ich dachte, Nana stirbt gerade. Was, wenn jetzt, in diesem Moment? Die ganze Zeit klickten und piepsten diese Apparate. Ich hatte richtig Panik, dass sie einfach so stirbt, und ich kriege es vielleicht noch nicht einmal mit! Dann habe ich angefangen, mit ihr zu reden, und mir gedacht: Wenn es passiert, dann passiert es eben. Ich nahm Nanas Hand und hatte das Gefühl, dass sich dadurch ihre Atmung etwas beruhigt. Dann habe ich über alte Zeiten geredet: Kannst du dich noch daran oder daran erinnern? Das Überraschende war: Je näher der Moment rückte, an dem ich aufstehen sollte, desto mehr versuchte ich ihn hinauszuzögern. Ich sagte ihr noch, dass ich einerseits wahnsinnig traurig bin und auf der anderen Seite froh. Sie hat es uns mal wieder bewiesen! Indem sie es uns allen so einfach gemacht hat.

Von Anfang Januar bis zu diesem Zeitpunkt hatte ich überlegt: Wie verabschiedest du dich von jemandem, von dem du weißt, dass du ihn nie wieder sehen wirst? Man redet, man macht Späße, aber irgendwann kommt der Moment, an dem man gehen muss. Ich hätte ja nicht zwei Wochen bleiben können! Ich glaube, es war ihre Absicht, und ich habe mich bei ihr bedankt.«

Lilly meets Lola auf Facebook (26.9.2011):

»In ♥ with Nana. Our hero 2011! Thank you Nana for your strength and support for others while you're going through the struggle yourself. We have hardly ever met somebody so inspiring ♥«

Auch Sandra Kader folgt Barbaras Einladung:

Ich wollte mich nicht aufdrängen. Ich wusste, dass Nana im künstlichen Koma lag, und als ich mit Barbara telefonierte, traute ich mich nicht, nach einem Besuch zu fragen. Als kurz darauf erneut das Telefon klingelte mit der Frage ›Magst du kommen?‹, habe ich mich sofort auf den Weg gemacht.

Auf der einen Seite wäre ich gerne davongelaufen und hatte Angst davor. Aber es war gut. Es war so friedlich. Ich habe ungeheuren Respekt vor ihrer Familie. Ich durfte eine Stunde allein mit ihr sein. Wie groß ist das von ihrer Familie, dass ich mir diese Zeit nehmen durfte. Sie hätte ja auch genau in dem Moment gehen können! Es war ein Geschenk für mich.«.

Der Familie gelingt es, Nanas letzte Tage in bemerkenswerter Weise zu gestalten. Zu Hause – wie sie es sich gewünscht hatte. Doch nicht für alle scheint dies der adäquate Weg zu sein, so die Erfahrung von Serap Tari von lebensmut e. V.:

> *Oft bekommt man zu hören, das gute Sterben sei zu Hause. Meine Erfahrung aber sagt: Das gute Sterben ist da, wo es stimmig ist. Denn es gibt Angehörige, die so eine Situation gar nicht aushalten können. Nur weil die Gesellschaft sagt, stimmiges Sterben sei nur im Persönlichen möglich und nicht im Krankenhaus, muss es nicht für jeden gültig sein. Wenn man vor Angst bibbert, wenn man zudem noch Sorge hat, Fehler zu machen, dann ist der stimmige Abschied auf der Palliativstation, im Hospiz oder letztendlich auch auf einer Akutstation. Wir fordern in unseren Gesprächen die Angehörigen auf zu artikulieren, was sie aushalten können. Wenn der Betroffene unbedingt zu Hause sterben möchte, die Angehörigen aber sagen, sie können das nicht leisten, dann ist es unsere Aufgabe zu schauen: Wo würde es denn gehen?«*

Schwester Conny sind diese Ängste bekannt:

> *Wenn die Angehörigen sagen: ›Hier sterben? Um Gottes willen!‹, frage ich: ›Und? Wo ist das Problem?‹ Erleben sie dann die Zeit der Begleitung und sind vielleicht sogar direkt beim Sterben dabei, dann hören wir: ›Das war gar nicht so schlimm. Eigentlich war es sogar schön. Und ich bin froh, dass wir das so gemacht haben.‹ Da merke ich oft: Die Angehörigen haben sich noch nie davor damit auseinandergesetzt und hatten wohl auch kein Sterbeerlebnis in der Familie. Das macht wahnsinnig viel aus.«*

Auch Dr. Berend Feddersen beobachtet mittlerweile einen Schneeballeffekt:

> *Wenn die Menschen merken, es ist daheim möglich, es hat etwas sehr Intimes und es gibt einem auch selbst Kraft für danach, dann ist das*

Sterben zu Hause plötzlich wieder eine Option, die im Raum steht. Ich persönlich glaube, dass jeder am Ende das Sterben erlebt, das er sich vorstellt. Dies als Anregung: Man sollte sich Gedanken darüber machen!«

Barbara:

»Am Fensterbrett stand ein großes Glaswindlicht, in dem eine Kerze ruhig brannte. Ich hatte sie in der Nacht angezündet, als Nanas Sterben begann.«

Der magische Moment

Der Morgen des 10. Januar 2012. Eine Facebook-Privatnachricht von Barbara an Dorothea Seitz:

>> *Bin grad mal aufgestanden, konnte sogar ein wenig neben Nana schlafen, sie atmet noch so regelmäßig. Sie will uns wohl noch etwas Zeit geben, aber ich glaube nicht, dass das jetzt noch lange ist.«*

Barbara kehrt zurück ins Schlafzimmer und setzt sich gemeinsam mit Axel auf den Boden neben das Bett:

>> *Über 48 Stunden war es nun her, dass Nanas Sterben begann. Sie lag auf meiner Seite des Ehebetts, Chris schlief neben ihr, ganz nah, zusammengerollt und erschöpft, denn er hatte die letzten beiden Nächte an Nanas Seite gewacht. Ihr Gesicht war ganz entspannt. Ihre Atemzüge regelmäßig. Sie war immer noch schön. Die Arme, sonst durch wechselnde Fieberschübe glühend heiß, fühlten sich nicht mehr so überhitzt an. Ungezählte Male in den letzten Stunden hatte ich sie um etwas gebeten, es ihr ins Ohr geflüstert. Gehofft, sie würde mich trotz ihres Tiefschlafs hören können. ›Bitte, Nana, wenn es irgendwie geht, lass mich dabei sein, wenn du gehst.‹*

Axel und ich hielten uns im Arm. Das erste Mal seit dieser dunklen Samstagnacht, in der sich Axel so weit entfernt hatte. So wütend war ich auf ihn gewesen, dass ich sogar fürchtete, unsere Ehe könne daran zerbrechen. Doch jetzt, nach diesen zwei Tagen Wache neben unserer Tochter, konnte ich ihn nicht nur verstehen, sondern ihm sogar verzeihen. Welchem Vater droht nicht der Verlust des Verstands beim Anblick des von Schmerz gefolterten Körpers des eigenen Kindes? In der Ruhe dieses Dienstagmorgens sprachen wir uns endlich aus. Wir waren wieder eins. Es war der Augenblick, den Nana erwählte. Ein letztes Einatmen, und dann, gefolgt von einer kaum merklichen Pause, ein sanftes Ausatmen. Sofort ergriff mich ein intensives Gefühl. Ich spürte, wie Nana ihren Körper, diese kranke Hülle, die nur noch Schmerz und Last bedeutet hatte, verließ. Und doch bei uns im Zimmer blieb. Wieder einmal war sie es, die bestimmte. Sie konnte warten, bis die Harmonie an ihr Sterbebett zurückkehrte.

Axel und ich haben Nana zusammen in die Welt gebracht. Und wir beide haben sie gemeinsam aus der Welt gehen lassen.«

»Little Wing« von Jimi Hendrix

Now she's walking thru the clouds

With a circus mind

That's running wild

Butterflies and zebras

And moonbeams and fairytales

All she ever thinks about is

Riding with the wind

When I'm sad she comes to me

With a thousand smiles

She gives to me free

It's alright it's alright she says

Take anything you want from me

Anything

Fly little wing

Text und Musik: Jimi Hendrix.©Experience Hendrix Llc./
Universal/MCA Music Publishing GmbH

Kein Happy, aber auch kein Ende

Buttercremetorte

Es ist der 31.5.2012. Nanas Geburtstag. Im sonnigen Garten der Familie Stäcker Lachen und fröhliches Stimmengewirr. Zwei gedeckte Tische auf der Terrasse sind umringt von Familie, Freunden, Bekannten. Kinder spielen Fußball auf dem Rasen. Valentina, auf dem Foto der Geburtstagsfeier vom vergangenen Jahr noch im Bauch ihrer hochschwangeren Mutter Olga, begutachtet nun die Blüten rund um die Terrasse. Gerade bringt Barbara Nanas alljährliche Buttercremetorte: liebevoll verziert mit kitschigen bunten Blüten, Bärchen und Schmetterlingen aus Zuckerguss und Schokolade. Alles wie in den 20 Jahren zuvor.

Nur diesmal fehlt jemand. Das Geburtstagskind.

Die meisten Gäste haben Nana zuvor einen Besuch auf dem Münchner Waldfriedhof abgestattet. Ihr Grab ist heute besonders farbenfroh. Künstliche Schmetterlinge in Pink und Schwarz schweben über lila Blumensträußen. Kerzen brennen, davon einige von Freunden selbst gestaltet. Am Kreuz, das Axel schwarz gestrichen hat, hängt Nanas Sterbebildchen, daneben ein eingeschweißter QR-Code. Wer ihn mit seinem Handy fotografiert, ist mit entsprechender Software sofort auf Nanas Seiten im Netz. In seiner Farbenpracht und mit diesem technischen Extra hebt es sich ab von den sonst eher grauen Gräbern.

Barbara auf Gedenkseiten.de (31.5.2012):
»Heute wärst du 22 Jahre alt geworden [...].
Alles Gute, mein Schatz, ich liebe dich.«

Alles außer gewöhnlich

Auch Nanas Geburtstag, keine fünf Monate nach ihrem Tod, ist sicher eher unüblich. Nanas Freundin »Nase«, die sich wünscht, dieser Tag würde als »Welt-Nana-Tag« Einzug in den Feiertagskalender finden, Sandra, Rosi, Olga, Silke und all die vielen anderen, die Familie Stäcker und Chris heute besuchen, erleben wieder deren andere Art der Trauer. Einer Toten zu gedenken mit einem Geburtstagsfest, auf dem die Verstorbene präsent ist durch all die lustigen Anekdoten. Eine Gemeinschaft zu bilden, die fest entschlossen ist, Nanas Spirit nicht zu vergessen. Ein Fest des Lebens zu organisieren. Nanas Familie demonstriert einmal mehr, wie vielfältig Trauer sein kann.

Barbara an Nanas Geburtstag via Facebook (23:18 Uhr):

> *Danke euch allen! Ich hatte erst Angst vor diesem Tag, hätte nie gedacht, dass er dann so schön wird, und das ist alles nur wegen euch. Danke, dass ihr Nanas und auch meine und unsere Freunde seid. Dickes Bussi an alle!«*

Axel ergänzt:

> *Ja, war für mich auch ein sehr schöner Tag, und ich war sehr froh, dass ihr alle gekommen seid. Wie Bärbel hatte auch ich Angst vor diesem Tag, aber unbegründet. Macht es gut!«*

Kann Trauer heiter sein?

Dürfen Trauernde lachen? Bisweilen reagieren Außenstehende irritiert, wenn eine Familie, die gerade ihre Tochter verloren hat, nicht das übliche Klischee permanenter Verzweiflung erfüllt. Was nicht heißt, dass es diese Augenblicke für Barbara und Axel nicht gäbe, in denen sie glauben, an ihrem Schmerz zu zerbrechen.

Barbara via Facebook an Nana, 27.1.2012:

>> *Ich liebe es, in deine lächelnden Augen zu schauen, und ich vermisse dich so sehr, dass es wehtut!*«

Für Serap Tari von lebensmut e. V. steht außer Frage, dass für Trauer kein stereotypes Muster existiert.

>> *Es gibt weder ›die Trauer‹ und noch ›die richtige Trauer‹. Da lässt sich nichts in eine Schablone pressen. Es entwickeln sich langsame und schnelle, aber auch von außen völlig unverständliche Prozesse. Ich erinnere mich an die Geschichte eines Mannes, der seine Frau verloren hat. Als er am nächsten Abend in die Oper ging, hat man sich darüber den Mund zerrissen. Dabei war der wahre Grund für Außenstehende nicht sichtbar, denn dort konnte er sich an die intensivsten Augenblicke mit seiner Frau, das gemeinsame Erleben der Musik, erinnern. Und hier konnte er auch endlich weinen. In der Trauer sollte man wirklich jede Bewertung vermeiden.*«

Axel:

»Viele Situationen sind klar von Nana besetzt. Etwa Musikhören, das haben wir oft zusammen gemacht. Oder abends noch ein bisschen mit dem Auto herumfahren, das war auch ein Hobby von uns. In Köln auf dem Flughafen am Dutyfree vorbeigehen – denn da habe ich Nana oft ein Parfüm gekauft. Ach, eigentlich fehlt sie mir natürlich in jedem Moment!«

Barbara empfindet es geradezu als eine Verpflichtung, nicht im Kummer zu versinken. Hatte Nana ihre Mutter doch konkret aufgefordert:

> *Mama, wenn es dir richtig schlecht geht, mach das, was wir immer gemacht haben: Unternimm was Schönes, geh einen Kaffee trinken, mach eine Shoppingtour. Und bitte hör nicht auf mit den Fotos!«*

Nicht immer fällt es Barbara leicht. Doch an den Morgen, wenn alles düster und grau wirkt und sie noch nicht einmal aufstehen möchte, hört sie Nanas Stimme förmlich in ihrem Kopf: »Komm, Mama, jetzt stell dich nicht so an!« Und versucht tapfer, Nanas Appell nachzukommen.

Abschied

Gestalten. Mitarbeiten. Bewusst erleben. Auch bei der Schließung des Sarges vier Tage nach Nanas Tod bei AETAS steht das im Vordergrund. Zwar liegt dichtes Schneetreiben aus einem fast schwarzen Himmel über der Stadt, doch beim Betreten der Räumlichkeiten verschwindet das bedrückende Grau der Außenwelt. Alle Räume sind in warmen Farben gehalten und dank hoher Glaswände lichtdurchflutet. Durchquert man den kleinen Garten zu den Verabschiedungsräumen, wirkt der gesamte Gebäudekomplex mit seinem modernen Glaskubus und dem abstrakten Steingarten wie ein Meditationszentrum.
In einem Raum mit hellem Holzparkett ist Nana im schwarzen Lacksarg aufgebahrt. Nebenan, durch eine Schiebewand getrennt, bietet eine Sitzgruppe mit farbigem Sofa und Korbstühlen eine Rückzugsmöglichkeit. Auf einem Sideboard stehen Getränke und ein CD-Spieler, gegenüber im gleichen Raum befindet sich eine Kinderspielecke.
Der Ort an sich verbreitet Leichtigkeit. Und so ist auch das letzte Ritual an Nanas offenem Sarg durchwirkt von heiteren Momenten.

Kein Happy, aber auch kein Ende

Links: Chris, am 22.4.2012 von Barbara fotografiert beim Workshop mit Sylwia Makris. Rechts: Seine Braut Nana beim letzten Shooting mit Barbara am 13.12.2011.

Liebevoll ist Nana gebettet auf ihr eigenes Kissen mit Blütenranken, eingehüllt in eine pinkfarbene Decke. Überall im Sarg verteilt liegen unzählige Briefe, Fotos, Stofftiere. In ihren Händen hält sie ein weißes Herz mit Goldornamenten und einen großen fächerförmigen Schminkpinsel. Duftende Rosen liegen zu beiden Seiten, und nun regnen noch Rosenblätter auf sie herunter.

Nachdem Chris und Barbara den Sarg geschlossen haben, verzieren sie ihn gemeinsam mit den anderen Anwesenden Silke, Dorothea und Ansgar Kuswik, einem Freund der Familie. mit pinkfarbenen Schmetterlingen aus Filz. Ein einzelner schwarzer Schmetterling, an dessen Flügelenden silberne Steine glitzern, scheint gerade dabei zu sein, sich in die Lüfte zu erheben.

Es lebe der Waldfriedhof!

Der Tag, an dem Nana bestattet wird, ist ein erstaunlich milder Wintertag.
Schon zwei Tage später wird ihr Grab von weißem Schnee bedeckt sein,
doch das Wetter am 18. Januar 2012 ist fast frühlingshaft. Die Sonne scheint
freundlich durch die Bäume, als sich die Trauergäste vor der Aussegnungshalle
versammeln. Der Platz ist übervoll, dicht gedrängt stehen an die 300 Personen.
Zwischen den überwiegend schwarz gekleideten Menschen blitzt ab und zu ein
pinkfarbener Schal oder Pullover durch.
Abgehalten wird die Feier von Silkes Vater, Rainer Müller. Er ist zwar Seelsorger, doch seine Funktion heute soll die eines Menschen sein, der die Gefühle
trauernder Eltern kennt. In seinen langen Berufsjahren hat er viele Kinder
beerdigt. Er wird eine Feierstunde mit Nanas Musik, ihren Zitaten halten. Auch
Silke hält eine Rede, denn darum hatte sie Nana kurz vor ihrem Tod gebeten:

> *Liebe Nana,*
>
> *flieg, mein Schmetterling, flieg. Du warst so zart, so schön, so selbst-*
> *bestimmt. Nicht durch Trauer und Angst gebrochen, sondern kompromisslos*
> *deine Zeit füllend. Du hast dich schmerzfrei schlafend am 10. Januar in diesen*
> *Schmetterling verwandelt. Jetzt sind wir in unserer Trauer*
> *ohne dich. Für deine Lieben wird nichts mehr sein, wie es*
> *war. Was kann da eigentlich Trost spenden?*
> *Vielleicht, dass manchmal nicht nur die Zahl der Jahre, son-*
> *dern auch die Intensität der Momente zählt. Vielleicht war*
> *es tröstlich, dass du und deine Lieben nie den humorvollen*
> *Blick verloren habt. Nicht viele Menschen würden lächelnd*
> *im T-Shirt mit Totenkopfaufdruck zur Chemotherapie gehen!*
> *Dank der Entfaltung deiner und Bärbels Kreativität entstan-*
> *den unzählige ausdrucksstarke Fotos, die so viel Lebensfreude und Kraft ausstrah-*
> *len. Als hättest du die Schönheit eines ganzen Lebens in dieses Jahr gepackt. Das*
> *gemeinsame Gestalten an den Fotos hat euch viel bedeutet, aber auch Außen-*

»Nase«, Nanas beste Freundin:
*»Bei der Beerdigung hatte ich die
ganze Zeit das Gefühl, dass Nana im
Schneidersitz auf dem Sarg sitzt und
sagt: Mann, was heult ihr denn so?
Da musste ich zwischendrin richtig
glucksen.«*

169

stehende berührt und motiviert. Chris, deine große Liebe, und du, ihr habt euch
gegenseitig Halt gegeben und euch die glücklichsten Augenblicke geschenkt. Ein
ganz besonderer davon war eure Verlobung am deinem Lebensende. Die tiefe
Liebe deiner Familie hat dich genauso uneingeschränkt von Anfang an begleitet.
Dank dieser wuchsen dir zuletzt sogar Flügel. Flieg, kleiner Schmetterling, flieg.«

Trauer 2012 – reloaded

Auf Facebook

Barbara am 10.1.2012:

>> *Unsere über alles geliebte Nana hat uns heute vormittag daheim, umgeben*
von ihrer Familie und ihrem geliebten Christoph, für immer verlassen. Das
Jahr ihrer schweren und teilweise mit extremen Schmerzen verbundenen Erkran-
kung hat sie mit unglaublicher Würde und Optimismus ertragen, nie geklagt,
gehadert oder gejammert. Sie hat in ihrem kurzen Leben mehr Spuren hinterlas-
sen als so mancher, der alt werden durfte. Nana, wir lieben dich für immer, wir
werden dich unendlich vermissen.«

Die Reaktionen sind überwältigend. Viele drücken ihre Gefühle über Kondo-
lenzeinträge aus oder posten Schmetterlingsbilder an Nanas Pinnwand. Menschen, die Nana nie kennengelernt, aber viel von ihr gehört haben, befreunden
sich posthum mit »Nana Sixx«. Ihre Videos verbreiten sich auf youtube, die
Abrufe aller Clips zusammen erreichen bald die Zehntausendermarke. Nana
lebend zu sehen, ob im Interview vom Herbst 2011 oder in ihrem Promotionsvideo, ist für viele ungemein bewegend. Dazu kommen von Freunden liebevoll
gestaltete »Tribute to Nana«-Clips – und der Song, den ihr Vater für ihren
Geburtstag komponierte (www.recoveryoursmile.org).

Im Kondolenzbuch

» *Lieber Axel, deine Tochter wird deine Musik hören und dir zeigen, dass sie immer noch bei euch ist! Georg«*

» *Liebe Bärbel, lieber Axel, es ist leider so, dass sich alles mit dem verändert, der neben einem ist. Oder neben einem fehlt. Eure Karin«*

Auf Facebook

» *An Nana Sixx, 10.1.2012:*
She's probably rockin on at the other side as we speak … thank you for every hope and energy you shared with us … We won't forget you!! Rock in peace … till we meet again. Joe«

Auf www.Gedenkseiten.de/nana-staecker/ lässt sich für Nana eine Kerze in Form und Farbe aussuchen und anzünden. Ihre Seite bleibt unbegrenzt online.

Auf der Gedenkseite

Barbara erstellt im Internet eine Gedenkseite für Nana, auf der man eine Kerze anzünden und einen kleinen Gruß hinterlassen kann.

» *Eine Trauerkerze von Katie am 14.5.2012:*
Würde hier gerne aufrichtige Trauer ausdrücken. Ich kannte Nana nicht, aber trotzdem berührt mich das alles sehr. Ich hoffe, du bist nicht allein, wo du jetzt bist, Nana.«

Barbara teilt wiederholt auf Facebook und Nanas Gedenkseite mit, wie ungemein tröstlich sie die große Anteilnahme aller ihr bekannten oder auch unbekannten Menschen empfindet – egal, ob sie virtuell oder althergebracht-analog zum Ausdruck kommt:

» Wir haben sehr gefühlvolle Karten und Briefe erhalten, Axels Kollegen bei Microsoft stellten ein ganzes Kondolenzbuch zusammen, und alle haben wirklich schöne Worte für uns gefunden. Traditionell schriftlich ist es natürlich für die Familie eine bleibende und sehr private Form, was man auch nach Jahren noch hervorholen und lesen kann. Die neuen Möglichkeiten im Netz dagegen sind für alle sichtbar und damit zwar nicht so intim, vermitteln aber durch die kollektive Abrufbarkeit ein starkes Gefühl der Gemeinschaft. Wir sind nicht allein. Es gibt viele, die mit uns trauern. Natürlich beschreiben einige auch ihre Trauer über eigene Verluste, über Erfahrungen mit Krebs und Tod in ihren Familien. Ich finde das aber überhaupt nicht schlimm. Manchmal entwickelt sich über kleine Einträge mit Wildfremden ein Austausch bis hin zu dem Gefühl, dass ich etwas von meiner Erfahrung an andere Trauernde weitergeben kann.«

Ein Brief von Gabi, deren Sohn Fabian 1996 im Alter von 19 Jahren starb:

» Dir, liebe Bärbel, möchte ich als Mutter, die auch ein Kind hergeben musste, ein paar ganz persönliche Worte sagen: Wir beide haben ein Kind empfangen und wollten es auf dem Weg zum Älterwerden begleiten und später, so war sicher auch Dein Wunsch, den Berufsabschluss und die Hochzeit begehen und vielleicht auch die Enkel schaukeln. Du sicher wie ich hätten gern unser Leben für das Leben unserer Kinder hergegeben, wenn wir es gekonnt hätten. Du hast mit deiner Fürsorge und Liebe Nana die letzten beiden Jahre mütterlich begleiten dürfen, und trotzdem bleibt dann plötzlich die Welt stehen, wenn man hilflos übrig bleibt. Ich als Internet-unkundige Oma habe gestern mit Trauer, aber auch mit Freude vor dem Laptop Nanas Interview gesehen. Wie schön, dass diese Aufnahmen nicht verloren gehen und Michi einmal seinen Kindern zeigen kann, was für eine schöne und starke Schwester er hatte.
Wir wünschen euch für die nächsten Jahre, in denen all die wichtigen – einmal gemeinsam erlebten Tage – so schwer werden, viel Kraft, Stärke und gemeinsames Stützen. Eure Gabi mit Utz«

Barbara am 11.1.2012 auf Facebook:

> *Ich danke euch allen so sehr, es tut so gut, zu lesen, dass viele an Nana und uns denken! Ich hoffe so sehr, dass ein bisschen was von ihrem beeindruckenden Wesen, ihrer Fröhlichkeit, ihrem Optimismus, ihrem Kampfgeist und vor allem ihrem unerschütterlichen Glauben an das Gute in den Menschen bei euch hängen bleibt.«*

Auffällig an den Einträgen ist, dass viele ihrem Impuls folgen, der Familie ihre Anteilnahme auszusprechen, und gleichzeitig von Nanas Stärke fasziniert sind. Dies liegt natürlich auch an ihrem reichen Schatz an Fotos, die das in geballter Intensität vermitteln.

Die neue, öffentliche Form der Trauerarbeit beinhaltet viele Chancen. Eine Kontaktaufnahme vom heimischen Rechner aus, vielleicht sogar ohne aus der Anonymität des Internets herauszutreten, erleichtert den Umgang mit dem heiklen Thema Tod. Es müssen nicht einmal eigene Worte gefunden werden. Man kann »Kerze anzünden« oder bei einem Foto oder Kommentar »Gefällt mir« anklicken. Die Angehörigen sehen: Jemand nimmt meinen Kummer, meine Tränen, aber auch meine positiven Gedanken wahr.

Michael Brik, Fotograf:
»**Fotos sind einfach unsterblich. Und Nanas Bilder strahlen unglaubliche Energie aus. Irgendwie sind auch Menschen, die sie nicht kannten, verzaubert von ihr.**«

Dani Arrow am 31.5.2012 auf Facebook:

> *Ich hab grad beschlossen, dass der 31.5. ab jetzt ›Pink & Black Day‹ ist :-) Alle ziehen was Schwarzes und was Pinkes an, als Zeichen dafür, dass sie Rock'n'Roll sind, ihr Leben genießen und die Zeit, die gegeben ist, nutzen! Wer macht mit? :-)«*

Nana bleibt

Am 10.10.2011 hatte Nana die Seite »Recover your smile« auf Facebook frei-
geschaltet. Sie selbst erlebt nicht mehr, wie ihre Idee aus der Projektphase tritt.
Rund einen Monat nach Nanas Tod, am 12.2.2012, findet das Treffen zur
Gründung eines gemeinnützigen Vereins statt. Außer Nanas Eltern mit dabei:
Sandra Kader, Dr. Silke Seitz, Dorothea Seitz, Antje Müller-Diestel und der
Fotograf Frank Jagow. Viele andere Fotografen, die wie er mit Nana gearbeitet
haben, sagen ihre ehrenamtliche Mithilfe zu. Eine enorme Unterstützung, denn
ein professionelles Shooting kostet sonst einige hundert Euro.

Im August 2012 wird »Nana – Recover your smile e.V.« die Gemeinnützigkeit
anerkannt. Auf dem Krebsinformationstag von lebensmut e.V. in Großhadern
im September präsentiert sich der Verein erstmals der Öffentlichkeit – ein Jahr,
nachdem Nana selbst auf der offenen Krebskonferenz ihre Vision vorstellte.

An diesem Tag sind die Vereinsmitglieder mehr als beeindruckt: Viele Krebspatientinnen lassen sich vor Ort schminken, sind angesteckt von der heiteren
Stimmung an dem pinken Stand mit großflächigen Fotos von Nana. Und lassen
sich begeistern von Nanas Kraft.

Einige sind zunächst überrascht, wenn sie Barbara erleben. Dass eine Mutter
so kurz nach dem Tod der Tochter mit zuversichtlichem Blick von der Vereinsarbeit erzählt – und nicht mit von Tränen geröteten Augen. Dass sie die enorme

Recover your smile e. V.

Kraft ihrer Tochter so weitergeben kann. Schließlich
besucht eine ältere Dame – selbst Krebspatientin – den
Stand. Sie erinnert sich an Nanas Präsentation im Vor-
jahr. Erfährt, dass Nana zwar verstorben sei, ihre Idee
aber weiterlebe. Die Dame hält kurz inne. Dann: »Wir
Krebspatienten sind schon ein lustiges Völkchen! Bei uns
wird immer viel gelacht. Wir stehen morgens auf und sind
glücklich, dass wir noch da sind. Und abends gehen wir ins
Bett und freuen uns über einen weiteren Tag! So habe ich
vor meiner Diagnose nie gelebt!«

Betroffenen ein Lächeln ins Gesicht zaubern. Das war Nanas Anliegen. Ihnen zu vermitteln: »Wenn Nana das konnte, dann schaffe ich das auch!« Was Nana selbst so konsequent verfolgte, soll durch »Recover your smile« jetzt auch anderen Krebspatientinnen zugänglich sein.

Nana ist es gelungen, dem Krebs ein anderes, ein schönes Gesicht zu geben. Und der Trauer eine neue Farbe. Pink.

Nana auf Facebook im Oktober 2011:
»I guess pink is the new black – at least it's for me …«

Impressum

Danksagung

An dieser Stelle unser tief empfundener Dank an die vielen, die an der Entstehung von »Nana – Der Tod trägt Pink« durch ihre Erzählungen, Erinnerungen und Fotos mitgewirkt haben, aber auch an alle, die vonseiten des Verlags durch ihre Arbeit und ihr Engagement dieses Buch erst ermöglicht haben. *Dorothea Seitz & Barbara Stäcker*

Mein ganz persönlicher Dank gilt vor allem meiner wunderbaren Familie, aber auch den vielen Freunden, Bekannten, Ärzten, Pflegern und Therapeuten und generell allen Menschen, die Nana, mir und der engen Familie in der Zeit der Erkrankung, während Nanas Sterben und auch in der Zeit der Trauer mit Liebe, Hilfe, Unterstützung und Anteilnahme das Gefühl gegeben haben, nicht allein zu sein – und es noch immer tun! Danke, Dorothea, für deine Freundschaft und diese unglaublich schöne Zusammenarbeit! *Barbara Stäcker*

© 2013 by Irisiana Verlag, einem Unternehmen der Verlagsgruppe Random House GmbH, 81673 München. Alle Rechte vorbehalten.

Hinweis

Das vorliegende Buch ist sorgfältig erarbeitet worden. Dennoch erfolgen alle Angaben ohne Gewähr. Weder Autorinnen noch Verlag können für eventuelle Nachteile oder Schäden, die aus den im Buch gegebenen Hinweisen resultieren, eine Haftung übernehmen.

Bildnachweis

Böhm, Inge: 93 l.; Brik, Michael: 56 l., 56 r., 173; Charm, Lucky: 15, 25 r., 31; Jacob, Manuel: 63; Jagow, Frank: 33 r., 54, 55 l., 55 r., 64/65, 77; Maass, Ron: U1, 59 l., 130, 162/163, 175; Nana – Recover your smile e. V.: 174; Stäcker, Barbara: 33 l., 106/107 (Workshop mit Frank Jagow), 88 (Workshop mit Michael Brik), 100, 168 l. (Workshop mit Sylwia Makris), U1, 4, 5, 6/7, 13, 16, 20, 21, 22, 23, 25 l., 28 l., 28 r., 30, 32, 34/35, 37, 38, 39, 41, 42, 43, 44, 49, 59 r., 60, 62 l., 62 r., 66, 71, 78, 79, 80 l., 80 r., 83, 84 l., 84 r., 90/91, 93 r., 96, 97, 103, 110, 116, 119, 128, 133, 137, 138/139, 140 l., 140 r., 142 l., 142 M., 142 r., 144, 152 l., 152 r., 160, 164 o., 164 u., 166, 168 r., 171; Stäcker, Joachim: 126; Stein, Conny: 51, 52, 113

Illustration Daumenkino Schmetterling
Bettina Kammerer

Wir danken allen Fotografen für ihre großzügige Unterstützung bei der Realisierung dieses Buchprojekts im Andenken an Nana.

Redaktionsleitung Karin Stuhldreier

Redaktion Text & Form, Nicola von Otto, München

Layout, DTP, Projektrealisation
v*büro – Jan-Dirk Hansen, München

Umschlaggestaltung Geviert – Büro für Kommunikationsdesign, München

Bildredaktion Annette Mayer

Korrektorat Susanne Langer

Druck und Bindung Tesínská tiškarna, Cesky Tesín

Printed in the Czech Republic

Verlagsgruppe Random House FSC® N001967
Das für diesen Titel verwendete FSC®-zertifizierte Papier *Multiart silk* liefert Papyrus.

ISBN 978-3-424-15196-1

817 2635 44